書名：鐵板神數（清刻足本）——附秘鈔密碼表（一）
作者：題〔宋〕邵雍
系列：心一堂術數珍本古籍叢刊　星命類　神數類
主編、責任編輯：陳劍聰
心一堂術數珍本古籍叢刊編校小組：陳劍聰　素聞　梁松盛　鄒偉才　虛白盧主

出版：心一堂有限公司
地址／門市：香港九龍尖沙咀東麼地道六十三號好時中心LG 六十一室
電話號碼：+852-6715-0840
網址：www.sunyata.cc
電郵：sunyatabook@gmail.com
網上書店：http://book.sunyata.cc
網上論壇：http://bbs.sunyata.cc/

版次：二零一三年八月初版
平裝：三冊不分售

定價：人民幣　七百九十八元正
　　　港幣　　七百九十八元正
　　　新台幣　二千六百八十元正

國際書號：ISBN 978-988-8058-15-0

香港及海外發行：香港聯合書刊物流有限公司
地址：香港新界大埔汀麗路三十六號中華商務印刷大廈三樓
電話號碼：+852-2150-2100
傳真號碼：+852-2407-3062
電郵：info@suplogistics.com.hk

台灣發行：秀威資訊科技股份有限公司
地址：台灣台北市內湖區瑞光路七十六巷六十五號一樓
電話號碼：+886-2-2796-3638
傳真號碼：+886-2-2796-1377
網路書店：www.govbooks.com.tw
　　　　　www.bodbooks.com.tw
經銷：易可數位行銷股份有限公司
地址：台灣新北市新店區寶橋路二三五巷六弄三號五樓
電話號碼：+886-2-8911-0825
傳真號碼：+886-2-8911-0801
email：book-info@ecorebooks.com
易可部落格：http://ecorebooks.pixnet.net/blog

中國大陸發行・零售：心一堂書店
深圳地址：中國深圳羅湖立新路六號東門博雅負一層零零八號
電話號碼：+86-755-8222-4934
北京地址：中國北京東城區雍和宮大街四十號
心一店淘寶網：http://sunyatacc.taobao.com

心一堂術數古籍珍本叢刊 總序

術數定義

術數，大概可謂以「推算、推演人（個人、群體、國家等）、事、物、自然現象、時間、空間方位等規律及氣數，並或通過種種『方術』，從而達致趨吉避凶或某種特定目的」之知識體系和方法。

術數類別

我國術數的內容類別，歷代不盡相同，例如《漢書・藝文志》中載，漢代術數有六類：天文、曆譜、無行、蓍龜、雜占、形法。至清代《四庫全書》，術數類則有：數學、占候、相宅相墓、占卜、命書、相書、陰陽五行、雜技術等，其他如《後漢書・方術部》、《藝文類聚・方術部》、《太平御覽・方術部》等，對於術數的分類，皆有差異。古代多把天文、曆譜、及部份數學均歸入術數類，而民間流行亦視傳統醫學作為術數的一環；此外，有些術數與宗教中的方術亦往往難以分開。現代學界則常將各種術數歸納為五大類別：命、卜、相、醫、山，通稱「五術」。

本叢刊在《四庫全書》的分類基礎上，將術數分為九大類別：占筮、星命、相術、堪輿、選擇、三式、讖緯、理數（陰陽五行）、雜術。而未收天文、曆譜、算術、宗教方術、醫學。

術數思想與發展—從術到學，乃至合道

我國術數是由上古的占星、卜蓍、形法等術發展下來的。其中卜蓍之術，是歷經夏商周三代而通過「龜卜、蓍筮」得出卜（卦）辭的一種預測（吉凶成敗）術，之後歸納並結集成書，此即現傳之《易經》。經過春秋戰國至秦漢之際，受到當時諸子百家的影響、儒家的推崇，遂有《易傳》等的出現，原本是卜蓍術書的《易經》，被提升及解讀成有包涵「天地之道（理）」之學。因此，《易・繫辭傳》曰：「易與天地準，故能彌綸天地之道。」

漢代以後，易學中的陰陽學說，與五行、九宮、干支、氣運、災變、律曆、卦氣、讖緯、天人感應說等相結

合，形成易學中象數系統。而其他原與《易經》本來沒有關係的術數，如占星、形法、選擇，亦漸漸以易理（象數學說）為依歸。《四庫全書・易類小序》云：「術數之興，多在秦漢以後。要其旨，不出乎陰陽五行，生尅制化。實皆《易》之支派，傅以雜說耳。」至此，術數可謂已由「術」發展成「學」。

及至宋代，術數理論與理學中的河圖洛書、太極圖、邵雍先天之學及皇極經世等學說給合，通過術數以演繹理學中「天地中有一太極，萬物中各有一太極」（《朱子語類》）的思想。術數理論不單已發展至十分成熟，而且也從其學理中衍生一些新的方法或理論，如《梅花易數》、《河洛理數》等。

在傳統上，術數功能往往不止於僅僅作為趨吉避凶的方術，及「能彌綸天地之道」的學問，亦有其「修心養性」的功能，「與道合一」（修道）的內涵。《素問・上古天真論》：「上古之人，其知道者，法於陰陽，和於術數。」數之意義，不單是外在的算數、歷數、氣數，而是與理學中同等的「道」、「理」──心性的功能，北宋理氣家邵雍對此多有發揮：「聖人之心，是亦數也」、「萬化萬事生乎心」、「心為太極」。《觀物外篇》：「先天之學，心法也。……蓋天地萬物之理，盡在其中矣，心一而不分，則能應萬物。」反過來說，宋代的術數理論，受到當時理學、佛道及宋易影響，認為心性本質上是等同天地之太極。天地萬物氣數規律，能通過內觀自心而有所感知，即是內心也已具備有術數的推演及預測、感知能力；相傳是邵雍所創之《梅花易數》，便是在這樣的背景下誕生。

《易・文言傳》已有「積善之家，必有餘慶；積不善之家，必有餘殃」之說，至漢代流行的災變說及讖緯說，我國數千年來都認為天災，異常天象（自然現象），皆與一國或一地的施政者失德有關；下至家族、個人之盛衰，也都與一族一人之德行修養有關。因此，我國術數中除了吉凶盛衰理數之外，人心的德行修養，也是趨吉避凶的一個關鍵因素。

術數與宗教、修道

在這種思想之下，我國術數不單只是附屬於巫術或宗教行為的方術，又往往已是一種宗教的修煉手段──通過術數，以知陰陽，乃至合陰陽（道）。「其知道者，法於陰陽，和於術數。」例如，「奇門遁甲」術中，即分為「術奇門」與「法奇門」兩大類。「法奇門」中有大量道教中符籙、手印、存想、內煉的內容，是道教內丹外法的一種重要外法修煉體系。甚至在雷法一系的修煉上，亦大量應用了術數內容。此外，相術、堪輿術中也有修煉望氣色的方法；堪輿家除了選擇陰陽宅之吉凶外，也有道教中選擇適合修道環境（法、財、侶、地中的地）的方法，以至通過堪輿術觀察天地山川陰陽之氣，亦成為領悟陰陽金丹大道的一途。

易學體系以外的術數與的少數民族的術數

我國術數中，也有不用或不全用易理作為其理論依據的，如楊雄的《太玄》、司馬光的《潛虛》。也有一些占卜法、雜術不屬於《易經》系統，不過對後世影響較少而已。

外來宗教及少數民族中也有不少雖受漢文化影響（如陰陽、五行、二十八宿等學說）但仍自成系統的術數，如古代的西夏、突厥、吐魯番等占卜及星占術，藏族中有多種藏傳佛教占卜術、苯教占卜術、擇吉術、推命術、相術等；北方少數民族有薩滿教占卜術；不少少數民族如水族、白族、布朗族、佤族、彝族、苗族等，皆有占雞（卦）草卜、雞蛋卜等術，納西族的占星術、占卜術，彝族畢摩的推命術、占卜術……等等，都是屬於《易經》體系以外的術數。相對上，外國傳入的術數以及其理論，對我國術數影響更大。

曆法、推步術與外來術數的影響

我國的術數與曆法的關係非常緊密。早期的術數中，很多是利用星宿或星宿組合的位置（如某星在某州或某宮某度）付予某種吉凶意義，并據之以推演，例如歲星（木星）、月將（某月太陽所躔之宮次）等。不過，由於不同的古代曆法推步的誤差及歲差的問題，若干年後，其術數所用之星辰的位置，已與真實星辰的位置不一樣了；此如歲星（木星），早期的曆法及術數以十二年為一周期（以應地支），與木星真實周期十一點八六年，每幾十年便錯一宮。後來術家又設一「太歲」的假想星體來解決，是歲星運行的相反，週期亦剛好是十二年。而術數中的神煞，很多即是根據太歲的位置而定。又如六壬術中的「月將」，原是立春節氣後太陽躔娵訾之次而稱作「登明亥將」，至宋代，因歲差的關係，要到雨水節氣後太陽才躔娵訾之次，當時沈括提出了修正，但明清時六壬術中「月將」仍然沿用宋代沈括修正的起法沒有再修正。

由於以真實星象周期的推步術是非常繁複，而且古代星象推步術本身亦有不少誤差，大多數術數除依曆書保留了太陽(節氣)、太陰(月相)的簡單宮次計算外，漸漸形成根據干支、日月等的各自起例，以起出其他具有不同含義的眾多假想星象及神煞系統。唐宋以後，我國絕大部份術數都主要沿用這一系統，也出現了不少完全脫離真實星象的術數，如《子平術》、《紫微斗數》、《鐵版神數》等。後來就連一些利用真實星辰位置的術數，如《七政四餘術》及選擇法中的《天星選擇》，也已與假想星象及神煞混合而使用了。

隨着古代外國曆(推步)、術數的傳入，如唐代傳入的印度曆法及術數，元代傳入的回回曆等，其中我國占星術便吸收了印度占星術中羅睺星、計都星等而形成四餘星，又通過阿拉伯占星術而吸收了其中來自希臘、巴比倫占星術的黃道十二宮、四元素學說(地、水、火、風)，並與我國傳統的二十八宿、五行說、神煞系統並存而形成《七政四餘術》。此外，一些術數中的北斗星名，不用我國傳統的星名：天樞、天璿、天璣、天權、玉衡、開陽、搖光，而是使用來自印度梵文所譯的：貪狼、巨門、祿存、文曲，廉貞、武曲、破軍等，此明顯是受到唐代從印度傳入的曆法及占星術所影響。如星命術的《紫微斗數》及堪輿術的《撼龍經》等文獻中，其星皆用印度譯名。及至清初《時憲曆》，置潤之法則改用西法「定氣」。清代以後的術數，又作過不少的調整。

術數在古代社會及外國的影響

術數在古代社會中一直扮演着一個非常重要的角色，影響層面不單只是某一階層、某一職業、某一年齡的人，而是上自帝王，下至普通百姓，從出生到死亡，不論是生活上的小事如洗髮、出行等，大事如建房、入伙、出兵等，從個人、家族以至國家，從天文、氣象、地理到人事、軍事，從民俗、學術到宗教，都離不開術數的應用。如古代政府的中欽天監(司天監)，除了負責天文、曆法、輿地之外，亦精通其他如星占、選擇、堪輿等術數，除在皇室人員及朝庭中應用外，也定期頒行日書、修定術數，使民間對於天文、日曆用事吉凶及使用其他術數時，有所依從。

在古代，我國的漢族術數，甚至影響遍及西夏、突厥、吐蕃、阿拉伯、印度、東南亞諸國、朝鮮、日本、越南等地，其中朝鮮、日本、越南等國，一至到了民國時期，仍然沿用着我國的多種術數。

術數研究

術數在我國古代社會雖然影響深遠，「是傳統中國理念中的一門科學，從傳統的陰陽、五行、九宮、八卦、河圖、洛書等觀念作大自然的研究。……傳統中國的天文學、數學、煉丹術等，要到上世紀中葉始受世界學者肯定。可是，術數還未受到應得的注意。術數在傳統中國科技史、思想史，文化史、社會史，甚至軍事史都有一定的影響。……更進一步了解術數，我們將更能了解中國歷史的全貌。」（何丙郁《術數、天文與醫學 中國科技史的新視野》，香港城市大學中國文化中心。）

可是術數至今一直不受正統學界所重視，加上術家藏秘自珍，又揚言天機不可洩漏，「（術數）乃吾國科學與哲學融貫而成一種學說，數千年來傳衍嬗變，或隱或現，全賴一二有心人為之繼續維繫，賴以不絕，其中確有學術上研究之價值，非徒癡人說夢，荒誕不經之謂也。其所以至今不能在科學中成立一種地位者，實有數困。蓋古代士大夫階級目醫卜星相為九流之學，多恥道之；而發明諸大師又故為惝恍迷離之辭，以待後人探索；間有一二賢者有所發明，亦秘莫如深，既恐洩天地之秘，複恐譏為旁門左道，始終不肯公開研究，成立一有系統說明之書籍，貽之後世。故居今日而欲研究此種學術，實一極困難之事。」（民國徐樂吾《子平真詮評註》，方重審序）

現存的術數古籍，除極少數是唐、宋、元的版本外，絕大多數是明、清兩代的版本。其內容也主要是明、清兩代流行的術數，唐宋以前的術數及其書籍，大部份均已失傳，只能從史料記載、出土文獻、敦煌遺書中稍窺一鱗半爪。

術數版本

坊間術數古籍版本，大多是晚清書坊之翻刻本及民國書賈之重排本，其中豕亥魚魯，或而任意增刪，往往文意全非，以至不能卒讀。現今不論是術數愛好者，還是民俗、史學、社會、文化、版本等學術研究者，要想得一常見術數書籍的善本、原版，已經非常困難，更遑論稿本、鈔本、孤本。在文獻不足及缺乏善本的情況下，要想對術數的源流、理法、及其影響，作全面深入的研究，幾不可能。

有見及此，本叢刊編校小組經多年努力及多方協助，在中國、韓國、日本等地區搜羅了一九四九年以前漢文為主的術數類善本、珍本、鈔本、孤本、稿本、批校本等千餘種，精選出其中最佳版本，以最新數碼技術清理、修復版面，更正明顯的錯訛，部份善本更以原色精印，務求更勝原本，以饗讀者。不過，限於編校小組的水平，版本選擇及考證、文字修正、提要內容等方面，恐有疏漏及舛誤之處，懇請方家不吝指正。

心一堂術數古籍珍本叢刊編校小組
二零零九年七月

《鐵板神數（清刻足本）——附秘鈔密碼表》暨〈鐵板神數〉小考

《鐵板神數》，原二函十三冊，十四集，題〔宋〕邵雍撰。清中葉刻本。虛白廬藏本。另附手鈔密碼表，一冊不分卷，舊鈔本。線裝。未刊稿。

邵雍（一零一一——一零七七），生於北宋真宗四年，卒於北宋神宗十年。字堯夫，又稱安樂先生、百源先生，謚康節。河北範陽（今河北省涿州市）人，後隨父移居共城，晚年隱居在洛陽。後世稱邵康節，為北宋理學家，精易學。《宋史·邵雍傳》雲：「始為學，即堅苦自勵，寒不爐，暑不扇，夜不就席者數年。」「遠而古今世變，微而走飛草木之性情」，「智慮絕人，遇事能前知」。宋代名儒如司馬光、程頤、程顥、張載等皆曾從遊。著有《皇極經世》、《伊川擊壤集》、《觀物內外篇》、《漁樵問對》等。其中《皇極經世》以先天易數，用元、會、運、世推演天地變化、古今興衰和朝代更替之法，對後世易學、術數影響甚為巨大。民間流傳的術數中，《梅花易數》、《鐵板神數》、《皇極數》（《八刻分經定數》）、《邵子數》、《蠢子數》等）（以上各種神數，輯入心一堂術數珍本古籍叢刊），均相傳皆為邵雍所發明。

鐵板神數，又稱鐵板（版）數，或作鐵版神數。考最早的《鐵板數》刻本（虛白廬藏本），是有清乾隆四十三年序的《鐵板數》〔一冊不分卷〕，有多種刻本傳世，亦有作《鐵版數》。書前有倚雲氏序云：「術數之學，雖屬小道，然果精於其中，則凡人一生之大運，有無不可先知者。康節君其明驗也……簡冊雖隘於百篇，而天下人之八字，無或越，即天下人之富貴、貧賤、夭壽、窮通、財產、妻子，亦有如鐵案之不可移者，故名之曰〈鐵板數〉。」這可算是已知刊刻古籍中，最早明確提出〈鐵板數〉命名之來由，也云係邵雍所撰。不過，乾隆版《鐵板數》內容與今天流行〈鐵板神數〉內容卻不相同。乾隆版《鐵板數》內容基本上跟清代另一種民間流行的星命術：《鬼谷子先生大四字金前定數》（輯入心一堂術數珍本古籍叢刊，已出版）是相同的，只有生年天干及生時天干配卦，再查書中各卦之解說論命。再查虛白廬藏清代多種提名《鐵板數》或《鐵板神數》的刻本或鈔本，內容又與乾隆版不同，有的內文是「某數（X萬X千X百XX號）來人姓某氏，來自八仙某位」，條文重覆，只是姓氏不同，似是民間江湖派術數一種，以占來人姓氏的。也有鈔本《鐵板數》內容即是〈稱骨算命法〉（〈稱骨神數〉），以八字天干地支分屬幾兩幾錢，合計總和，再查書中重量之吉凶。也有一種《命理天機鐵板數》，題〔漢〕黄石公撰，內容又不一樣，序云「……鐵板神數，善知人生壽夭、窮通、富貴、貧賤、興廢、災厄……以四柱積成千百之數，凡推命者，先將八字排定，合算總數……湊成總共合得二千一百六十之數，可查二千一百數之零者，即知終身榮枯。」除此以外，尚有多種與今天（本書）不同的〈鐵板神數〉內容的版本。所以，〈鐵板數〉（〈鐵板神數〉），可能當初是一種民間江湖派的算命形式的統稱，標榜的是「凡人一生之大運，有無不可先知者。」天下人的命運，「有如鐵案之不可移」，通過其術，可以「知終身榮枯。」命運的「鐵板不易」，算命時的「鐵口直斷」。舊時民間江湖派算命師，有的會市集上「手持鐵板一塊，連敲七下，響聲震耳」（胡樸安《中國風俗・江蘇》），也許便是「鐵板數」名字的另一個來由。故〈鐵板神數〉之「板」，當作「板」而非作「版」。

〈鐵板數〉這種以算命形式命名，以不以具體算命方法定名的情況，這跟明、清、民國以來，民間術數中流行各種不同「神數」的現象相似。如虛白廬藏的《巧連神數》、《生生神數》、《稱骨神數》、《鬼谷先生神數》、《八仙神數》、《降筆神數》、《濟生神數》等多種刻本或鈔本；〈神數〉在清代民間術數中，大概是一種占算形式的統稱，多指一些以類似演算法或占法，得出一組數或卦，從而查書中對應之數或卦，知其吉凶禍福。具體方法內容可以是占卜、拆字、算命、甚至求讖等。由上可知，初期的各種〈鐵板（神）數〉，都是比較簡單，學理比較粗糙的江湖術數，縱使業者文化水準不高，也可操作，其內容與今天流行的〈鐵板神數〉推命術不相同。

另一方面，明代有一種推命術《皇極數》（輯入心一堂術數珍本古籍叢刊，經已出版），又稱《八刻分經定數》（虛白廬另藏《八刻分經定數》鈔本，心一堂術數珍本古籍叢刊即將整理出版）。明《永樂大典》中載有《皇極數》三卷，據《四庫全書總目提要》中所載：「不著撰人名氏。其說以八卦之數推人禍福吉凶。占子孫一條有云：此祖宗後代之數，先天不傳之秘。司馬溫公得之於康節，康節子伯溫又得之於司馬公，從而流傳。今得之者幾希，予不得已而傳之云云。牽及邵子，猶數學之慣技。牽及司馬光，妄益甚矣。」明《永樂大典》本《皇極數》雖與心一堂術數珍本古籍叢刊本《皇極數》卷數不同，不過皆云傳自邵子（邵雍），又俱「以八卦之數推人禍福吉凶。」故心一堂術數珍本古籍叢刊本《皇極數》與明《永樂大典》本《皇極數》當有淵源。

《四庫全書》輯宋祝泌撰《觀物篇解》五卷附《皇極經世解起數訣》一卷之提要云：「陶宗儀《輟耕錄》載泌精皇極數，其甥傅立傳其術，為元世祖占卜，尚能前知，則亦小道之可觀者。蓋其學雖宗康節，而亦自別有所得。故其例頗與《經世書》不符，而其推占亦往往著驗。方技之家，各挾一術，邵子不必盡用易，泌亦不必盡用邵子，無庸以異同疑也。二書世所鈔傳，間有譌脫，諸本竝同，無從訂正，今亦姑仍之云。」可知宋代祝泌亦精「皇極數」。可是，祝氏之「皇極數」乃是推算國運之術，並非推占人命之術。故此，凡推命術而名《皇極數》者，當是明代以後偽託邵雍《皇極經世》之名而已。

明代小說《水滸傳》已載有《皇極先天神數》之推命術。（《水滸傳》第六十回：「吳用答道：『小生姓張，名用，自號談天口。祖貫山東人氏，能算皇極先天數，知人生死貴賤。卦金白銀一兩，方纔算命。』」）

明代袁了凡（一五三三——一六零六）所撰《了凡四訓》（《訓子文》）中云：

「余童年喪父，老母命棄舉業學醫，謂：『可以養生、可以濟人，且習一藝以成名，爾父夙心也。』

後余在慈雲寺，遇一老者，修髯偉貌，飄飄若仙。余敬禮之，語余曰：『子仕路中人也。明年即進學，何不讀書？』余告以故，並叩老者姓氏裡居。曰：『吾姓孔，雲南人也。得邵子皇極數正傳，數該傳汝。』餘引之歸，告母。母曰：『善待之。』試其數，纖悉皆驗。

余遂起讀書之念，謀之表兄沈稱，言：『郁海谷先生在沈友夫家開館，我送汝寄學甚便。』余遂禮鬱為師。孔為余起數：『縣考童生當十四名，府考七十一名，提學考第九名。』明年赴考，三處名數皆合。復為卜終身休咎，言：『某年考第幾名，某年當補廩，某年當貢。貢後某年當選四川一大尹，在任三年半，即宜告歸。五十三歲八月十四日丑時，當終於正寢，惜無子。』餘備錄而謹記之。

自此以後，凡遇考校，其名數先後，皆不出孔公所懸定者。獨算余食廩米九十一石五門當出貢，及食米七十餘石，屠宗師即批准補貢，余竊疑之。後果為署印楊公所駁。直至丁卯年，殷秋溟宗師見余場中備卷，歎曰：『五策即五篇奏議也，豈可使博洽淹貫之儒，老於窗下乎？』遂依縣申文准貢，連前食米計之，實九十一石五斗也。余因此益信進退有命、遲速有時，澹然無求矣。」

由此可見，《皇極數》在明代已然流行，而且以「纖悉皆驗」聞名。考民間流傳之《皇極數》、《八刻分經定數》、《邵子數》、《蠢子數》、《甲子數》、《太極數》、《先天（神）數》等，多相類似，也多宗邵雍為撰者。其法與子平、紫微斗數等推命術不同之處，乃術家不單以人的出生之年、月、日、時推算，尚需問命者提供部份六親之生肖存亡等資料，以供術家「考刻（分）」（一時中再分刻（分））。術家推命後的批章，往往因為被推算者的六親之生肖存亡等奇準，而被稱之為「神數」。今人多統稱之為「神數」。（此與清代流行各種「神數」定義不同。）

考本書十四卷本《鐵板神數》之內容，實與清初《鐵板數》及清代諸家《鐵板數》大異，然內容卻近於《皇極數》一類的內容。這可能是《皇極數》在清中葉後，溶合了當時民間術數（鐵板數）及（神數》的算命形式，更改了刻分、條文排序、序數、取數法等，成為今天流行的《鐵板神數》。即本書十四卷本《鐵板神數》。

明代之《皇極數》、《八刻分經定數》等，是在年、月、日、時基礎上，以「時分八刻」、一日（晝夜）分百刻的基礎上去考刻。而清刻十四卷本《鐵板神數》（本書）卻是「每一時須推八刻、每一刻又推十五分。」《鐵板神數》在《皇極數》考刻的基礎上再細分「每一刻又推十五分」，是原《皇極數》所無的，也與清代當時沿用我國的傳統計時單位有異。清制，日分九十六刻，「一刻」相當於現代十五分鐘，「一刻」再分三「字」，「一字」相當於現代五分鐘。考清制或我國古制中，並沒有一刻分成十五分之說。清刻十四卷本《鐵板神數》（本書）中的「每一時須推八刻、每一刻又推十五分。」即一時分成一百二十分，恰與西洋計時單位中的「分鐘」相同。西洋計時單位中的「分鐘」等，是由明末籍西洋鐘錶傳入我國，至清初至清中葉，我國如廣東等地區，因長期與國外貿易，大量接觸西洋鐘錶及至開始製作廣式鐘錶，宮庭以外，才漸漸認識及接受西洋「分鐘」的時間單位。

據此，可知十四卷本《鐵板神數》（本書）成書必在清代，且當在清代中葉後，西洋「分鐘」的時間單位稍稍為人所認識及接受之後。而且十四卷本《鐵板神數》作者，極有可能出自廣東一帶。一是上文提及，廣東是清宮外，清代最早及最大量接觸西洋鐘錶的地方，也比較早認識及接受西洋「分鐘」的時間單位。二是現今所見數種清刻十四卷本《鐵板神數》，俱是「貞元書屋」藏板。數種「貞元書屋」藏板清刻十四卷本《鐵板神數》中，其中虛白盧藏本（本書底本），扉頁牌記是用萬年紅紙（紅丹紙），這種作法是明清廣東一帶刊印的線裝書的獨特作法，用以防蟲蛀。故虛白盧藏本《鐵版神數》（本書底本）當是清中葉或以後的廣東刊本。另見清末光緒間的刊本，扉頁牌記未用萬年紅紙，只用普通竹紙，內文字口較虛白盧藏本略模糊及不清，當是後刷本或翻刻本。故虛白盧藏本（本書底本）刊印時間當在光緒前，約在清中葉嘉道間。

《皇極數》到十四卷本《鐵板神數》的演變，除上述及的「刻分」時間單位不同外，其推數之法亦不同。《皇極數》推數之法，據其序云：「……必以胎元為準，從寅上起大衍，遇卯乃止，從寅逆數，遇寅則止，仍將大衍作數，加以天干，配合地支，則知某卷某數某頁及其父母生年歿年，兄弟、妻財子祿等，與書合者，即是此刻，不合再推，必推究符合，乃可從年幹依大衍推。……」至十四卷本《鐵板神數》，則更為複雜，有種種配卦、納音、紫微斗數、河洛配數等起例的內容，是《皇極數》所沒有的。此外，十四卷本《鐵板神數》中，條文及序數排列也不同於《皇極數》。

坊間流行的十四卷本《鐵板神數》，多是據民國錦章書局、掃葉山房等重排鉛印版本再翻印。民國版本，其書成多倉卒，與本書底本虛白廬藏本清刊十四卷本《鐵板神數》校之，民國版錯訛極多，豕亥魚魯，往往文意全非，不能卒讀。從版本上而言，虛白廬藏清中葉刊刻的是現存十四卷本《鐵板神數》的最早的刊本。文字最清晰，錯誤最少的版本。

我國的推命術，如星學（七政四餘）、子平學、紫微斗數、河洛理數等，其原理、起例、推算法則等皆已公開，無甚秘密。唯各種「神數」（如《皇極數》、《鐵板神數》等），其原理、起例、推算法則一直未有公開，或云「神數」非推命之學，實是「射覆」之術，待考。一直以來，以「神數」為業之術家，對「神數」的原理、起例、推算法則甚為保密，各流派的「神數」刻本或鈔本，大多只錄其條文，於原理、起例、推算法則大多從缺，或只摘錄部分起例，亦語焉不詳。時人欲作「神數」的原理及推算法則等研究，一直極為困難。

本書原書另附手鈔密碼表，當為清代或民國〈鐵板神數〉業者的自用密碼表，非常珍貴及稀見。今一併出版，若讀者能與原《鐵板神數》坤集、《皇極數》所載的起例及密碼表、以及心一堂術數珍本古籍叢刊即將整理出版我其他「神數」古籍，讀者對「神數」之原理、起例、推算法則等當有會心。

為令此稀見刻本及鈔本不致湮沒，特以最新數碼技術清理、修復版面精印，以供參考研究及收藏。

心一堂術數珍本古籍叢刊編輯小組

二零一三年六月

邵康節先生著

神機妙算

鐵板數

貞元書屋藏板

盖聞人稟天地命屬陰陽郎旦夕吉凶各有定數況終身禍福豈無以定之然命之理微變化無窮若差毫厘必謬千里往往有八字相同而貧富各異皆因未識真刻分耳唯前賢諸夫子秘傳理數從本人父母本身八字配合五音八卦每一時須推八刻每一刻又推十五分推到的準時刻自然全數悉合禍福吉凶絲毫不爽彼夫造福損德者未可同日而語也

八卦加則例

爻從三十起乾卦六爲頭兌爲後少增方隻中一綱收變知六伯止世應兩同儔遇十須不用玄玄妙法周當看多寡數及止悉因由

天干配卦例

壬甲從乾數乙癸向坤求庚來艮上立辛在巽方畱巳以震門起戊以離爲頭丙須坎處出丁向兌家收

地支配卦例

一數坎兮二數坤三震四巽數中分五寄

中宮六乾是七艮八兌九離門

日主配卦例

亥子坎宮寅震木巳午離門丑在坤卯酉
乾金辰是兌木艮原來戌巽眞

河洛配數例

甲己子午九乙庚丑未八丙辛寅申七丁
壬卯酉六戊癸辰戌五巳亥单四數

地支取數例

亥子一六水寅卯六眞巳午二七火申酉
四九金中宮辰戌是丑未五同歸

河圖之序自北而東左旋而相生然對待
之信則北方一六水尅南方巳午火
洛書之序自北而西右轉而相尅然對待
之位則東南四九金生西方一六水
神機妙數

安身命例

大抵人命俱從寅上起正月順至本生月又自人生月上起子時逆至本生時安命順至本生時安身若有閏月作多一月算

起五寅例

甲己之歲起丙寅　乙庚之歲起戊寅
丙辛之歲起庚寅　丁壬之歲起壬寅
戊癸之歲起甲寅

六十花甲子納音歌

甲子乙丑海中金　丙寅丁卯炉中火　戊辰己巳大林木
庚午辛未路傍土　壬申癸酉劍鋒金　甲戌乙亥山頭火
丙子丁丑澗下水　戊寅己卯城頭土　庚辰辛巳白鑞金

壬午癸未楊柳木　甲申乙酉泉中水　丙戌丁亥屋上土
戊子己丑霹靂火　庚寅辛卯松柏木　壬辰癸巳長流水
甲午乙未沙中金　丙申丁酉山下火　戊戌己亥平地木
庚子辛丑壁上土　壬寅癸卯金箔金　甲辰乙巳覆燈火
丙午丁未天河水　戊申己酉大驛土　庚戌辛亥釵釧金
壬子癸丑桑柘木　甲寅乙卯大溪水　丙辰丁巳沙中土
戊午己未天上火　庚申辛酉石榴木　壬戌癸亥大海水

安南北斗星訣

紫微天机逆行傍　隔一阳武天同当　又隔二位廉貞地
空三復见紫微郎　天府太阴与贪狼　巨门天相及天梁
七杀空三破軍位　八星順数細推詳

巳

安文昌文曲星訣

子时戌上起文昌　逆至生时是貴鄉　文曲數從辰上起
順到生时是本鄉

安左輔右弼星訣論本生月

左輔正月起于辰　順逢生月是貴方　右弼正月宮尋戌
逆至生月便調停

安天魁天鉞訣論本生年干

甲戊庚牛羊　乙己鼠猴鄉　六辛逢馬虎　壬癸兔蛇藏
丙丁豬雞位　此是貴人方　二星主科甲　身命若逢之
金榜題名客

安天馬星訣論本生年支

寅午戌人馬居申　申子辰人馬居寅　巳酉丑人馬在亥
亥卯未人馬在巳

安祿存星訣論本生年干

甲生祿存在寅宮　乙生在卯丙戊巳　丁己祿存停午方
庚祿居申辛祿酉　壬祿在亥癸祿子

安擎羊陀羅二星訣

祿前擎羊後陀羅　大限逢凶禍患多　歲限逢之多不利
人生遇此莫蹉跎

此二星隨祿存安之祿前安擎羊祿後安陀羅假如癸祿在子丑
宮安擎羊亥宮安陀羅餘倣此

安火鈴二星訣論年支

寅午戌人丑卯方　申子辰人寅戌場　巳酉丑人卯戌位
亥卯未人酉戌房

安祿權科忌四星变化訣論生年干挨次而化

甲廉破武阳为伴　乙機梁紫月侵　丙同机昌廉貞位
丁月同机巨门尋　戊貪月弼机为主　己武貪梁曲最平
庚日武同阴为首　辛巨阳曲昌至临　壬梁紫府武宿是
癸破巨阴貪狼停

天空地劫訣論本生时

亥上起子顺安劫　逆回便是天空鄉

安天傷天使訣

命前六位是天傷　命後六位是天使

要知天傷安在奴僕宮天使安在疾厄宮

安十二宮太歲祿神位

博士力士青龍續　小耗將軍及奏書　蜚廉喜神病符繇
大耗伏兵至官符　吉凶從此壽禍福

要知不拘男女命壽祿存星起陽男陰女順推輪陰男陽女逆流行

安天刑天姚星訣

天刑星從酉上起正月順至本生月安之天姚從丑上起正月順至本生月安之

安天哭天虛星訣

天哭天虛起午宮　午宮起子兩分蹤　哭逆巳分虛順未

数到生年便居中

安長生沐浴冠帶臨官帝旺衰病死墓絶胎养

火局命寅起長生　木局命亥起長生　土局命申起長生

金局命巳起長生　水局命申起長生　男順女逆

安截路空亡訣論本生年干

甲己申酉宮　乙乙午未宮　丙辛辰巳宮　戊癸子丑宮

丁壬寅卯宮

安大限訣

阳男阴女從命前一宮起是父母宮　父母起順行一位十年十一年過宮

阴男阳女從命後一宮起是兄弟宮　兄弟宮起逆行

安小限訣論本生年支

寅午戌人起辰宮　申子辰人起戌宮　巳酉丑人起未宮
亥卯未人起丑宮　不論陰陽男順數不論陰陽女逆數

安十二宮例　男女俱從逆行切記莫順去

一命宮　二兄弟　三妻妾　四子女　五財帛
六疾厄　七遷移　八奴僕　九官祿　十田宅
十一福德　十二父母

甲乙錦江烟　丙丁漫谷田
戊己營堤柳　辛庚掛杖錢
壬癸林鐘滿　花甲納音存

子寅辰
丑卯乙
午申戌
未酉亥

巳 刃六 九廿五	午 刃二十 廿二廿九	未 十四 廿四 廿七	申 廿八 十八
辰 刃二十二 十五廿一			酉 廿二
卯 刃一 十一 十七	金四局		戌 廿六
寅 刃四 十三 刃七	丑 刃三 刃九	子 刃五	亥 刃一 三十

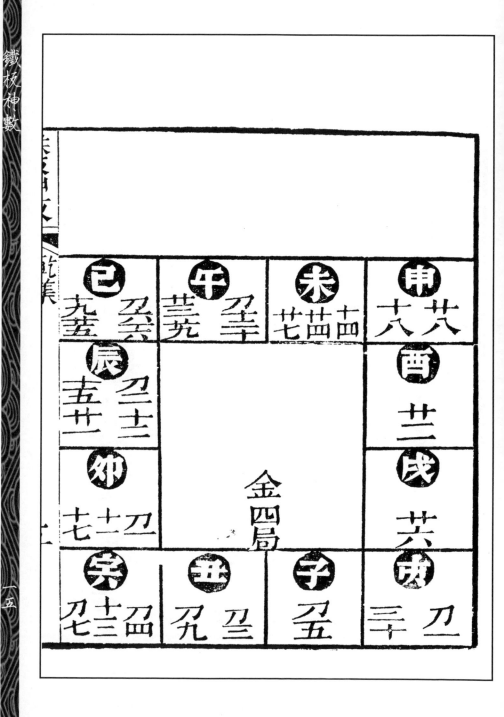

巳 刀四 十二 十四	午 刀七 十五 十七	未 刀十 十八 二十	申 十三 廿一 廿三
辰 十一 刀九 刀一			酉 廿四 廿六 十六
卯 刀六 刀八	木三局		戌 十九 廿七 廿九
寅 刀三 刀五	丑 刀二 廿八	子 廿五	亥 廿二 三十

巳 卌九 卌八	午 十一 四十	未 十二 十三	申 十四 十五
辰 三十 卌七 卌六	水二局		酉 十七 十六
卯 廿八 廿九 卌四 卌五			戌 十九 十八
寅 廿六 廿七 卌二 卌三	丑 十五 卌一 廿四	子 廿三 廿二	亥 廿一 二十

巳 初十 廿四 廿九	午 初二 十六 三十	未 初八 廿二	申 十四 廿八
辰 初四 十八 廿三			酉 初一 二十
卯 十二 十七 廿七	火六局		戌 初七 廿六
寅 初六 十一 廿一	丑 初五 十五 廿五	子 初九 十九	亥 初三 十三

巳 卌八 三十 廿四	午 卌十三 廿五 廿九	未 卌六 十八 三十	申 十一 廿三
辰 卌三 十五 九 廿七	十二五局		酉 十六 廿八
卯 卌十 十四 廿二			戌 廿一
寅 卌九 卌五 十七	丑 卌四 十三	子 卌七	亥 卌二 廿六

安紫府图

寅申二宫紫府仝宫餘宫俱各换斜作对如紫居丑则府居卯矣

巳 紫	午 紫	未 紫	申 紫府同宫
辰 紫			酉 府
卯 紫			戌 府
寅 紫府同宫	丑 府	子 府	亥 府

	子	丑	寅	卯	辰	巳
廟	破曲梁存 陰相府机	紫相昌 府曲武	紫相昌府 梁巨祿馬	日梁同 巨存金	府梁貪 武羊已	昌曲
旺	同武巨 貪羊	梁破	日	紫机昌 殺	日破	紫日
得地	昌	火	机武破 存	府貪	紫昌曲 殺	府相存
利益		貞貪	同	曲武火	机貞	
平和	紫貞		曲貪貞	貞	相同巨	机武殺 破梁
不得地		同巨	陀			
落陷	昊鈴		昌月	相月破 羊	月	昌火鈴

	午	未	申	酉	戌	亥
廟	紫机破梁存	紫武破存貪羊陀	相巨杀	巨昌曲	府梁貪杀武貪羊陀	月同
旺	府日武貪巨杀	梁曲破	紫同	紫羊月府杀	月破	紫曲巨
得地	相	相月	府昌曲武日机	梁	机貞	府存相
利益		貞昌	月	武貪	紫相	巨
平和	貞	巨	貪陀	昌貞	巨同	机杀武破
不得地	月	同			日	
落陷	同昌曲羊		梁	破相	昌曲	巨貪貞梁

納乾坤屯卦
水火 庚丁庚乙 金火
水火 庚壬戊乙 火
水土 戊壬辛丁
午未 戊庚甲戊
火木 甲甲丙辛 水金
水金 甲甲丙戊乙 火木
上木 甲甲甲甲
水金 甲甲丙庚
土火 甲甲丙乙丁
金水 甲甲庚丁 土水
木火 甲甲甲乙丁 金水
水火 甲甲壬甲
木 丙月辛 金
火 丙月乙巳 水
水 丙月壬丙 土

納蒙需卦
乙壬丁庚 水
己乙巳巳 土
日
甲辛壬巳未
丁丁庚甲 火
庚庚戊丁 金
水 戊丁辛己
丙甲丁丙金
丙甲庚戊 木
月
戊丁己巳 水
戊乙月巳 火
酉月辛丙 土
木 丙甲乙戊
日月萌萌卦
戊巳月辛
壬巳壬乙 金

納屠大有噬嗑卦
戊丙丙壬
甲巳丁丙
巳乙巳辛
壬乙庚丁
乙辛辛戊
戊丙乙丙
巳丙甲巳
納未卦
庚戊乙丁 金
戊丙乙甲 木
甲月巳丁庚 水
戊庚庚支 火
戊戊庚庚 土
匹木卦
火 丙巳甲庚 土

納訟卦
丁丁己庚
戊巳丁支 甲
戊巳戊支
丁壬庚甲丙
丁乙壬辛戊
丁辛丁戊庚
丁丁庚戊 壬
戊庚巳巳乙
戊壬甲丁丁
戊壬庚辛巳
戊乙壬乙辛
戊乙庚巳支
甲辛丙支
納咸坤卦
壬戊月甲

納艮卦
乙丁己丙辰
戊丙甲午 木
甲月壬乙 水
甲月辛丙 土
甲月辛乙丙 木
酉巳巳乙 土
甲月辛庚 火
甲甲辛庚 金
土 戊丁己庚 土
金 酉乙丙戊 木
戊辛戊巳 金
戊丁巳丙 金
金 丙乙酉巳 庚
戊丁乙甲 金土
土 丙丁己丙 水

納未濟卦
水火 丙丙乙戊戊 土金
水金 丙丙乙戊辛 木土
火木 甲單戊乙 水土
木土 甲甲乙壬 金火
金土 甲甲辛乙丁 水火
火金 甲甲月辛乙 水金
納屯未卦
火 丁乙丁甲 土
水 庚月丁乙 木
金 巳戊日一 火
土 辛乙甲乙 金
土 辛乙丙乙 水
丙 丙壬戊支 火木
土戊 丙庚丁戊 土
水丙 壬戊庚壬 土

坤集

金甲戊辛庚丙水　壬戊乙甲月　乙巳甲辛土水
土辛丙丙甲水　申　壬壬丙甲月　戊戊辛甲金
土乙戊戊戊火　納晨卦　壬戊戊辛
初　甲申己甲丁
戊丙甲丙
中　丁戊甲巳
甲辛甲丁
火水　巳巳丁用

乙丙丁丙戊土丁戊巳丙辛水巳仙戊甲丙甲丙支禾
乙甲戊巳庚水辛戊巳庚戊金亥土水甲壬戊巳水
乙辛丙辛壬后前丙壬甲戊金火　庚乙丙壬刑
戊丙戊丙乙　己月丁巳花出木土甲乙壬支
戊　壬丁丁　長丁乙月巳金土甲星亩庚
乙巳甲用巳　死甲月辛艮金　坐乙丙丁
乙戊辛庚辛　納艮虛參　納木納火艮卦
乙辛丙乙支　丙庚月戊　丙戊乙戊土水
甲戊辛妻余支　壬丙月丁
納比过卦　壬戊庚巳
庚
壬乙甲戊坤

納巽卦　納鼎卦　納井卦　納初卦　納金鼎卦　納上鼎卦
甲壬辛巳　甲丙戊　甲丁丙　甲庚丁亥　甲壬丁亥金　甲庚
乙庚巳巳　甲丙壬　甲癸己　甲庚癸　甲辛辛木　丁酉辛辛
巳甲丁丁　納升卦　乙庚巳丙　甲甲己乙　甲甲巳月水　甲巳戊子
納井卦　甲甲乙　乙丙乙巳　甲庚己　甲甲午月火　丁乙丙戊
金水 甲甲巳丁巳坐　甲甲乙乙　甲庚辛　甲庚丙　甲甲戊巳土　丁巳戊
金水 甲甲巳辛酉　納姤卦　甲巳丁亥　甲庚己　納巳金卦　丁月庚丙
金火 甲甲壬丁巳　乙丙乙亥　甲巳庚癸　甲庚乙　巳戊乙辛　丁丙庚戊
水火 巳庚甲乙辛六　乙丙丁亥　甲子亥　甲乙亥　壬丁辛甲　丁子戊庚
金水 巳壬丙辛　納壯卦　納大壯卦　甲壬庚壬　納金壬卦　丁巳庚
丁庚月庚　甲丙巳乙　甲甲辛乙　甲庚癸亥　水火 辛丙戊丁金
納晉卦　甲丙乙　甲丙己　納初付卦　火土 辛丙丁壬水　納泰
金火 甲甲丙乙抜　納巳鼎卦　納益升卦　戊辛壬壬　金 戊丁庚子水　巳巳庚戊
木土 丁月甲丁四　土水 甲巳甲壬六　甲戊辛　戊辛乙巳顛　巳丁壬　納杏齊
金土 甲月乙巳甲土　丙乙戊甲　甲庚癸亥　納雜卦　納中金卦　乙辛庚乙
甲丙乙　甲乙甲丙　土 壬壬甲巳金

納斗卦
甲月戊酉乙
甲子辛乙文
甲酉巳乙
甲酉乙武

納鼎卦
丙乙丙丁
丙乙戊丁
納壯会卦
壬甲月丁庚癸
壬甲乙酉庚木
壬甲月子亥水

納升卦
甲月戊子乙
甲戊子乙
甲戊巳乙
納師卦
甲子巳壬
納師生寅
金木甲月子乙巳水火
甲巳酉巳金

巳月丁亥奴
己月戊亥婢
乙戊丁丙宮
丁壬辛壬火色

戊丁庚巳金水
戊丁庚子火木
納金卦
壬庚辛甲
火水戊巳壬血
水戊辛戊辛牛
金土戊壬子戊斗
金土甲巳辛壬貴

辛月丙庚子
辛月庚庚丑
辛丙乙庚寅
辛戊巳庚卯
辛壬月庚辰
辛乙丙庚巳
辛子庚庚午
辛巳乙庚未
辛辛戊庚申
甲甲甲庚酉
甲子丙庚戌
甲戊庚庚亥

乾屯艮土　日月金屯　坤木金屯　木艮金屯　艮生本屯　戊六屯卦

乙壬辛丁乙辛　戊甲月月甲　乙壬甲月月丙巳　乙壬甲月月丙戊　十壬甲巳巳　丙甲甲甲甲辛

丙甲辛巳甲辛　乙丙甲月月巳甲　丙甲甲月月戊巳　丙甲甲月月壬戊　丙癸甲辛庚支　戊丙甲甲丙丙辛

戊甲辛辛甲辛　丙甲甲月巳巳甲　戊丙甲甲丙月巳巳　戊丙甲甲月甲戊　丙甲甲甲辛乙丙　甲丙甲甲丙丁辛

庚甲月月甲辛　戊甲甲巳丙巳甲　庚丙甲甲丙戊巳　庚丙甲甲月甲壬戊　丙甲甲辛丁乙　壬丙甲甲甲戊丙辛

壬丙甲月甲甲辛　庚甲月戊巳甲　壬丙甲甲丙月巳　壬丙甲甲月丙戊戊　丙戊甲甲辛巳　乙丙甲甲甲戊丁辛

乙支甲月丙甲辛　壬丙甲月庚巳甲　乙丙甲甲丙戊巳　壬戊丙甲甲月丙乙戊　丙庚甲甲辛甲戊　系半卦

坤屯艮生壬乙丙甲月月壬巳甲　丙木屯卦　壬乙壬甲月丙壬　壬甲丙月丁　壬戊甲月壬月

乙支甲月丙甲辛　乾木金屯丙丙乙甲月月戊丙　壬乙丙甲月丙丁壬　戊甲甲月乙丁　庚甲月壬甲壬

丙甲月丙乙辛　乙壬壬甲甲甲巳　戊丙甲甲甲月巳丙　乙壬壬甲月丙巳支　庚甲甲巳乙丁　壬甲月乙辛甲

戊甲甲月戊辛　丙丙甲甲甲甲戊巳　庚丙甲甲甲戊丙　乙丙甲甲月戊月　壬甲甲丙乙丁　甲甲月丁壬甲

庚甲甲月庚乙辛　戊丙甲甲甲巳巳　壬丙甲甲甲巳丙　甲月戊癸支　艮生屯艮丁甲甲月乙壬甲

壬甲甲月壬乙辛　庚丙甲甲甲丙戊巳　乙丙甲甲甲丙戊丙　甲月戊癸支　丙甲丙甲甲丙壬月壬　甲甲月辛壬甲

乙壬甲月乙壬辛　壬丙甲甲甲丙巳　木支金艮生　甲月戊戊戊　双艮卦　艮半卦

乙丙甲甲甲戊巳　丙乙壬辛乙丁壬　甲月戊乙支　丙甲辛丁丁支　丙壬甲甲月壬月

丙甲辛乙壬

丙辛丁甲壬 亥艮卦 半艮 双冲艮
戊丙甲甲壬巳 丙庚甲甲壬辛 亥壬甲丙乙巳 丙甲男丙乙丁亥
庚丙甲甲乙巳 戊亥甲乙壬辛 戊丙甲男丁丙亥
庚亥甲丁壬辛 庚丙甲男丙丁亥
壬亥甲巳壬辛 壬丙甲甲丙巳丙亥
乙亥甲壬辛 乙丙甲男丙乙丁亥

三

日屯姤卦 匹金姤卦 金屯卦 崇流度 晋星流度 重窗炎
甲 甲丙月甲甲 辛乙壬辛丙 亥甲男乙月辛 戊月丙戊子 庚丁丁戊子 甲壬庚丙
亥甲丙甲甲 辛巳丙丙巳 丙亥甲男乙丁辛 戊月戊巳壬 丁巳月辛丑 甲壬辛丙
丙甲男丙月甲 乙丁壬亥 戊亥男丙丁辛 戊月庚巳寅 巳辛辛巳寅 甲乙庚丙
戊甲男戊月甲 巳戊甲丙 庚男巳丁辛 戊月壬巳卯 庚戊壬壬卯 甲乙辛丙
庚男庚月甲 乙巳丁庚 壬男丙辛丁辛 戊月乙巳辰 丁月庚壬辰 甲壬月丁
壬甲丙壬甲 丁庚壬巳 甲男辛巳辛 戊月丁辛巳 乙丙乙戊巳 甲丁庚丙
丙甲男丙乙月甲 丁壬巳戊 酉男丙辛辛 戊月巳丙午 乙丙庚亥午

月屯姤卦
甲甲丙月丁亥
辛甲甲丙甲丁亥
丙甲甲丙丙丁亥
戊甲甲丙戊丁亥
庚甲甲丙庚丁亥
乙甲甲丙壬丁亥
乙甲甲丙乙丁亥
金牛姤卦
胃戊巳丁

子巳丁亥
甲丙乙丙戊
丁壬戊壬
巳月
甲丙丁庚丁
申丙丁乙丁

戊辛庚巳丙
庚丙甲月丁
壬丙丙庚辛
乙丙庚巳戊
丁辛壬庚丁
巳乙丙丙庚
辛甲月巳百
癸乙庚庚丙
甲辛丁庚丙
丙乙辛丙巳
戊乙乙戊乙
庚乙丁月丁
壬乙丁酉巳
乙乙庚乙辛
丁乙甲戊辛
巳辛戊丙丙

戊月辛辛未
戊甲月乙申
戊甲甲巳酉
戊甲戊甲戌
戊甲壬甲亥

乙巳巳丁未　獄卦衍庚
丁月辛亥　亥辛月甲乙
丁乙乙甲申　甲壬辛月乙
戊丙辛辛酉　戊壬辛甲甲乙
壬丁丁戊戌　庚壬辛甲乙乙
乙戊乙戊亥　乙壬辛丙甲乙
乙壬辛丙乙乙

申辰

辛乙丁壬丙
癸乙壬戊乙
甲乙壬甲戊
丙乙壬巳亥
戊乙乙甲丁
庚乙壬月甲

先乾卦用事　乾刃屯爻　先坤卦用事　坤刃屯爻　雜乾坤宮　明刃屯爻
解　己甲丁巳　今戊辛庚乙刼　兲丁庚壬丙誅辛巳甲戊壬　戊丙丙壬过　壬庚丁壬
戊月巳戊　戊辛戊庚卑　丙巳庚庚寿　巳丁戊亥　巳巳丁丙亲丙　日刃屯爻
巳月月庚　巳丁丙丁　巳月戊庚　乙丁庚辛旺　巳丁丁丁昌　戊甲丙壬
會　乙丙月甲　刼男戊辛　丙巳月乙庚旺　庚乙巳丁　戊戊甲庚伯过　男辛邑
巳丙甲戊　大乙甲丁甲長　壬月丁丁　巳庚甲戊　戊壬戊庚水过　甲壬辛辛水
巳甲壬丙品　丁丁戊甲涖　巳甲丙乙火　壬甲辛丙肩　月刃屯爻

戊代 巳丙辛丁日
壬庚乙乙酉
金貴 甲巳丙丙
庚庚巳丙
屯 戊丙戊戊月
巳辛巳亥酉
巳戊甲戊
巳月甲巳寿

月 甲月董更
火辰 壬壬巳戊
出口 壬巳月乙
丁月丙丙
明月屯
火 丁申乙巳
水 丙丁壬丙
甲戊壬庚

公古先屯
丁丁乙甲

丙戊酉申
歐 男丙丙里
戊丙丁戊
巳月壬丁火
巳申乙乙
明生屯全爻
丙庚寅申
門爲屯全爻
辛申辛辛
明生全屯爲爻
辛庚申辛

雜乾宮
壬庚丁庚
雜離營
丙庚乙戊
丙月戌申居
丙丙丙丁出
巳乙巳辛主
辛丁壬巳正承
乙辛庚戊
戊戊壬戊出尚
乙丙壬巳月戊
戊丙乙丙月丙
壬辛丁庚主
巳乙月壬寿

明屯卦
甲甲巳丁
壬申辛辛日
男庚乙戊山
巳申庚申
丙申戊辛月
男戊巳庚佰

戊月月戊
月出爻
甲巳庚丁仙
壬辰巳乙厄
明生卦
庚申乙庚
壬申乙丙長白
壬丁丙丙
甲巳丙丁
戊壬壬壬剋
乙月辛戊
男庚辛

比卦行度	丙辛丁丙	戊乙甲丁	丁月丙壬甲	甲丁丁壬	甫乙巳双	酉巳乙丙	丁辛乙乙	丁申辛戊丙	辛巳月丙	戊申月甲	丁戊壬丙	丙寅辛戊	丁壬巳巳	戊丙寅戊庚	丁丙戊庚壬
中断卦	巳戊寅庚甲無	戊巳戊丁丙	辛甫巳辛	巳月巳丙戊	乙庚丁庚	庚月戊支	甲乙壬支	戊戊辛乙	戊庚丁丁	乙壬庚戊辛	壬戊丁支	丙戊丙支	乙壬乙丙	甲巳巳辛戊	巳丁申丙群
乾金墮斧卦	申甲戊辛庚	壬戊月甲丙	甲申壬庚	乙丙丁丙戊	乙申戊巳庚	乙壬丙辛壬	戊丙戊丙乙	戊乙壬丁丁	乙巳申申巳	乙戊辛庚辛	乙壬丙乙未	丙戊戊庚申	比屯卦	甲丙戊丙	甲丙壬支
比水火交	丁戊丙乙丁丙	合 乙甲壬庚壬坊	丁戊申支庚	甲乙壬丙	甲丙月爭	丁戊申庚路	比屯卦	巳辛辛庚	巳月庚丙畔	乙壬庚壬	庚 巳壬甫甲	巳申乙壬	巳申月甲戊	乙申辛辛申	壬 巳月丁丙丙
比火炎貪	甲火	丙戊庚申丙	甲庚丁壬戊	丁戊丁戊庚	丁壬辛巳壬	丁壬壬庚	丁巳乙戊	丙辛丙壬	乙申乙辛	丙乙巳庚	丙火	丙乙申壬丙	巳巳月巳戊	丙丙壬丙庚	丙乙壬丙
	寅火	巳月乙戊庚	戊戊辛丙壬	甲辛戊戊乙	戊庚辛丙	戊壬巳巳	戊壬丙壬	庚壬庚辛	申寅寅庚	壬火	丙巳戊巳壬	甲乙戊壬乙	戊丁乙壬	戊巳乙丙	戊庚申乙

庚丙丙甲壬午乙巳月辛 甲丙壬戊戊 巳乙巳庚庚 戊月巳壬 戊甲乙乙

甲辛乙壬午乙 比度卦 甲丙壬丁庚 甲甲月庚甲 丙戊月辛 丁火

丙甲巳戊丁 辛巳丁戊丙 甲丙丁乙壬 巳甲丁甲 戊丙甲巳 戊丁日乙

丙庚甲庚辛 比晉卦 甲戊巳庚 巳丙月丙丙 乙甲丁巳 丙丁甲乙丁

甲壬甲巳辛 甲甲月戊 比不明度 巳甲巳戊戊 戊火 丙乙乙庚巳

甲巳丙丁支 比各音慶 巳庚丁丁 巳田辛丙庚 丙月乙丙戊 壬月月庚辛

庚月丙火 甲丁月巳丙 壬乙巳支 巳甲戊支 辛巳戊丙庚 壬月甲庚

戊月辛巳 辛戊丁乙 丁月月丁 巳丙辛巳 丙甲壬丁壬 丙乙戊丙

巳丙巳戊水 甲庚辛戊 壬庚戊巳 巳月壬甲甲乜 乙乙戊巳乙 丙乙庚支

甲月乙庚 甲壬壬辛 比金庚 甲丙戊巳分氣 乙巳壬巳丁 戊巳壬丙

甲 丁甲月庚 丁月庚辛庚 壬月月巳 戊甲月甲木 甲壬月丙巳 丁火

戊月月巳 甲乙甲辛壬 丙月甲申 比过爻 庚月甲丁辛 巳戊壬壬丁

丙田日火 甲辛乙壬乙 辛辛丙 乙戊庚庚丙 庚丙月丙 壬甲月丁

丙壬巳丁 甲壬乙支支 比須卦 丙巳丁巳 巳戊乙戊

甲丙壬月遊 辛巳丁戊 甲壬壬丙 巳庚戊乙

辛庚庚乙 戊丙壬支 甲辛丙壬

比妹卦

丙戊戊支 甲
丁甲乙用
丙庚丁壬
戊庚乙巳
丁丙辛辛 丙
丁丙壬戊
戊庚丁壬 戊
戊丙庚甲 庚
丁乙丙戊
戊戊乙戊壬
丙戊戊辛乙
戊戊甲戊丁
丁丙庚戊
戊戊丙丙
丁甲乙丁 巳
戊壬月乙辛
丁丙丙丙支

妹各坤卦

丁壬壬甲丙
丁丁戊庚戊
壬丙壬戊庚
丁巳辛庚壬
巳辛壬甲乙
戊戊甲支丁
戊巳庚丁巳
戊丁戊壬辛

比入師爻

巳庚壬庚丙
巳甲巳壬庚
巳甲甲庚
巳甲壬巳戊
巳甲巳甲庚
巳甲丁庚壬
巳甲辛乙

巳火

壬甲乙壬
壬甲丁乙
巳庚甲乙
羨
巳丙月乙

本宮流度	本宮變度	乘先流度	戊木甲度	妻先流度	乘外父
辛乙丁子	壬巳甲戊子	辛巳甲巳子	男乙丙丙子	男月月丙子	男月庚辛
辛巳甲丁丑	壬乙辛甲丑	辛巳乙巳丑	男乙戊丙丑	男丙壬丙丑	巳甲戊乙
辛巳乙丁寅	壬戊乙巳寅	辛辛甲巳寅	男乙庚丙寅	男丙男丙寅	丁月月巳
辛辛甲丁卯	壬戊甲士卯	辛辛乙巳卯	男乙壬丙卯	男甲壬丙卯	巳丁月甲
辛辛乙千辰	壬丙巳壬辰	男月甲巳辰	男乙乙丙辰	男丙巳丙辰	巳乙丁戊
男月巳甲巳	壬甲辛庚巳	男月乙巳巳	男乙丁丙巳	男丙壬丙巳	丁乙丁庚
男月乙丁午	壬甲丙支午	男辛甲巳午	男乙巳丙午	男丙戊月丙午	巳甲巳丁火
男月甲丁未	丁戊戊巳未	男甲乙巳未	男乙辛丙未	男丙戊壬丙未	丁戊丙甲丙
男甲丁甲	丁壬月辛甲	男丙甲巳甲	男丁月丙甲	男丙庚月丙甲	丁月戊辛火
男丙甲一	丙戊辛丙酉	男丙乙巳酉	男丁甲丙酉	男丙庚壬丙酉	巳戊庚甲
男丙丁戊	丙丁月辛戊	男月戊巳戊	男子丙丙戊	男丙壬月丙戊	巳甲乙辛
男戊甲夾	丙辛丙甲亥	男戊巳亥	男丁戊丙夾	男丙壬壬丙亥	丁月壬支
木土下甲	本宮簽爻	木艮變爻	雷天高山	木忌金爻	丁辛辛戊
辛乙甲	丁丙庚乙	巳戊戊巳	乙丁壬甲	庚酉巳壬	甲戊戊巳
辛月丙丙	辛辛甲	巳戊吉巳	巳巳庚戊	酉甲酉巳	巳酉巳乙破

坤集

七

金木元女

木奇爻　壬辛甲　壬戊丙壬　死 余 庚丁辛酉　木大合　辛庚巳戊硬則
乙甲壬巳　木出爻　巳辛乙　酉合　男丙丁乙　巳月乙乙壬宅
甲辛庚乙　壬庚壬丁　四果郎斋　戊辛丙乙　小合　丙丙庚巳屯
壬丁巳　男丙月辛　巳辛月巳屯協
壬申壬巳庚

金宮用流度　全和金宮用流度　重金用流度　戊金用流度　扁爻　木損爻目
男戊乙戊子　男巳巳戊　男丙丙巳　男甲丙乙　男巳丁戊爻　甲甲丙丁
男庚甲戊丑　男甲壬戊　男丙庚壬乙　男甲甲乙　丙月月丁　妄氣爻
男庚乙戊寅　男甲甲戊　男丙壬巳　男甲丙巳　甲巳戊爻　甲辛丙辛
男壬丙卯　男甲壬戊　男丙壬乙　男甲丙丁乙　乘木重爻　順木爻
男壬乙戊辰　男甲丙戊　男丙乙巳　男甲戊巳　乙甲壬乙　庚丙辛支木
男乙甲戊巳　男甲丙壬戊　男丙乙壬乙　男甲戊丁乙　結木合　木狻爻
男乙巳戊午　男甲戊月戊　男丙丁巳　男甲庚巳　戊戊巳壬　庚辛丙丙
男丁甲戊未　男甲壬戊　男丙丁壬乙　男甲庚丁乙　木刑爻　辛乙甲丙抗
男丁乙戊申　男甲甲月戊　男丙巳月乙　男甲壬丙巳　戊辛丁丁　甲巳戊戊赫
男乙甲戊酉　男巳庚壬戊　男丙巳壬乙　男甲壬丁乙　金木合　辛戊丙乙眉

甲月巳乙戊 戊甲巳壬月戊 男丙辛月巳乙 甲男巳乙丙巳乙 金木合火 妻旺火
甲月辛寅戊 夾甲巳壬巳戊 男丙辛壬乙 男巳丁乙 辛月巳申 辛庚丁戊
金上下申 金木金庚 金火谷 四金先夏 丙巳戊乙 並木丙助
上辛戊月壬 巳乙巳戊 男丙壬辛 巳丙丙支 丙巳丙戊 辛巳丙壬
下辛月巳丁 巳乙辛戊 男月辛乙 庚乙丙支 木旡明夏
甲庚月庚
艮卦用事 艮冬火 乙戊巳支
甲 戊 壬 辛 甲冬 戊冬
生月壬庚壬巳 甲月辛支秀 炎庚辛丙辛 火丁壬庚辛乙 壬月甲辛丙 壬丙戊丙庚
丁月辛丁 巳戊巳甲貴 夌辛月辛壬 丁月甲巳 壬月戊丁戊 壬丙庚甲壬
火 巳庚辛乙 炅 丁甲戊辛言 秀 丙庚丁甲 癸 壬月辛丙庚 壬丙壬甲乙
辛甲壬巳 巳丙庚乙 夏 丙丁丙壬 長丞壬甲巳戊 壬月辛巳巳 壬丙巳巳丁
辛庚丁乙 丙炅巳丙丁庚 巳月甲巳 丕丁月丙辛 壬甲月庚乙 壬丙丁戊巳
正甲月壬戊 炎辛庚壬丙 辛乙辛丁 丙巳辛 壬甲巳乙丁 壬丙巳支辛
辛庚丁巳 失月壬乙壬巳 乙 艮象傳卯 壬甲巳辛巳 壬丙壬巳支
妄艮乙丁壬乙 右丙甲庚巳 火片戊巳庚丙 丙辛乙月乙 壬甲戊丙辛

坤集

[illegible]

丙　巳丙乙巳　火巳甲辛亥　巳丙壬辛　甲乙甲　辛月酉巳　丁丙甲丁　先昔旻　戊丁壬庚　亥乙壬巳丙　戊戌甲戌辛　癸酉庚壬　甲罡戊　丙肯丙庚

乙月庚甲　庚　甲戊辛　巳月庚甲　丙巳丙戊辛　癸巳辛甲庚　扁甲丙壬甲　正符旻　戊丁戊庚　壬丁乙辛貝　甲月甲乙　甲月丙庚看　甲月庚巳甫　甲

壬辰乙　丁　庚戊乙庚　癸丙壬酉　巳　丁乙戊巳　寒戊巳甲辛　戊乙丁庚巳　刀突爻　亥戊辛丁杜　刀虛爻甲　戊丙戊甲辛　巳甲丁亥　壬戊丙辛　壬乙月辛

辛丁丙乙　庚辛庚乙　艮癸　甲丙月庚　丁巳巳丙貴　男戊甲壬戊　丙戊辛月戊貴　亥丁丙月壬　火水乙庚甲辛　艮損爻　乙丙巳庚疾　甲丁巳庚　辛壬戊丁言　辛壬巳丙尔　辛戊月乙月

甲戊甲壬　丙冬　壬甲乙甲戊　壬甲丁巳庚　壬甲辛亥壬　壬甲辛甲乙　壬甲辛丁丁　壬丙甲巳巳　壬丙甲辛辛　丙庚巳丙　丁冬　壬庚巳丙　壬庚乙亥　巳冬　乙乙月丙

寒　壬辰月壬　壬戊甲戊乙　壬戊甲巳丁　壬辰丙甲巳　壬戊丙巳辛　壬戊巳亥亥　壬　壬戊巳甲乙　壬戊庚乙丁　壬戊丁戊巳　壬戊乙辛　乙冬　壬戊辛甲　壬庚甲巳　壬庚乙壬

戊巳巳丙甲左　壬申巳巳丙　甲丙戊壬庚　涯明艮　艮多难定　壬庚戊丙
巳壬巳巳甲丙　辛庚申巳庚左　戊甲壬巳外　丁戊庚申任　庚辛巳亥　必貧艮參
癸巳丁庚丁　甲巳戊丁卯丙　中冲參良　丁申丁辛甲癸　艮累甲實　壬乙戊乙
己巳丙丁戊　甲乙巳戊甲　丙庚巳丁　甲丙乙辛丙癸　乙壬巳巳乙　虛艮參
乙月甲丙甲　甲庚巳巳巳　丙丁辛申發　巳巳甲戊　丙巳甲丁　戊壬辛庚
丙后 乙庚月辛丙　甲庚壬庚火　甲月辛庚　丙月丙巳　戊乙壬文
乙壬丙巳戊　終冲參遲　另艮參　欠良累參　庚巳月孝
乙丙丁乙庚　丁戊甲巳　巳丙戊壬合　巳巳戊壬　庚壬戊壬
戊庚月巳丙左　艮空參　戊丁辛戊　丁辛戊庚族　欠良明參　庚丁甲庚
艮句蔡　乙戊甲丁富　辛壬甲巳　甲胎酉良　巳戊丁辛　壬丙壬丁
壬巳庚辛外丙　辛申月壬成　丁丁壬丁　乙丙辛丙　丟扁艮參　壬戊庚丙
己月丙壬　巳壬巳戊支折　辛庚戊辛　丙壬丙庚　巳丙丁支　終有艮
虛戊戌壬亥蔡　丁庚月戊定　壬庚乙申甲　甲胎戊良　戊丙巳丁　甲丁丙辛產
丁申戊巳蔡　己巳辛乙犯卑酉　巳月辛丁丙　丙巳乙丁　有參良　乙戊庚弓
丁丙巳辛　甲辛壬丙准　先消參　長參　辛乙戊丙　壬月甲丁參
戊乙丁戊蔡外　壬庚申巳　壬戊乙亥　起甲 辛乙壬丁

丁丙庚辛壬丙外
辛巳月巳
丁丙乙甲乙外

己丙丁丁紀
甲壬辛壬族
己辛丙巳亥
男庚寅壬独

朔乙壬丙戊
朔巳乙甲
丙丁月戊
辛戊庚丙晨

明盡艮
丁乙乙壬
丁戊甲壬

艮虛爻
辛庚男丙
壬戊辛巳
己月丁巳
乙甲月巳

辛壬巳乙
蟹艮
戊月辛丙

姤卦單事
乙辛月乙
丁乙丁辛
己辛壬辛
甲乙丁辛
辛庚甲丁
己丙月辛
丁己庚戊
丁乙月戊
丁子月戊

正泰卦
甲壬辛亥
壬丙庚巳
男辛壬乙
丁庚丙乙
己辛乙庚
辛壬巳己
丁己戊甲
男丙辰亥
乙壬庚丙

化泰卦
己丙丁壬
己丁丁丙
丁丁戊
丁壬丙
壬甲丙庚
丁戊巳丙
壬丙甲乙
丁乙戊庚
戊壬丁丁

奪參爻
丙戊巳丙
己月庚壬
戊丁壬丁
丙乙庚庚
戊乙月辛
雅妹爻
丙壬庚辛
男月庚甲巳
男月壬戊乙

金壯斗
辛乙乙乙封
男庚辛巳封
木旺
戊乙庚辛

己丙丙亥 己壬丙己 己丙丁甲 甲庚壬
甲甲庚己 乙乙丙戊 己辛壬庚 金木合爻
丁申戊亥 甲甲庚己 己丙口 戊庚丁丙
甲庚甲乙 乙壬甲己 丁乙壬甲 金
甲月乙丙庚 壬己壬亥 己丙乙辛 甲丙甲爻
丙戊庚丁 甲丁辛壬 甲己壬己 金牛
乙丁丙辛 甲丁辛乙 己丙甲庚 戊辛甲丁
辛乙己壬

乘卦 水澤節卦 否靜爻 合變卦
乙壬丙丁 甲辛乙亥 甲己辛甲 甲己丙己合
壬戊丁丙 甲丁壬乙 丁丙甲庚 戊 甲壬丙甲甲合
己甲辛己 甲乙丁壬 己甲戊丙 戊己庚己甲
己甲戊辛 甲月己己 己月辛己 甲 戊丁己庚戊
乙戊丁壬 乙月己丙 困妻爻 辛戊丁壬丙
甲丙戊月庚 甲己乙乙 甲丙辛 戊甲己丙丙合

男丁壬己　甲乙乙甲　男丁壽　戊　戊甲丁丙丙

男己月星　風水渙卦　娼　中貴　辛甲乙亥壬

男己己巳　男丙戊壬己　己甲戊丁　甲　辛甲巳亥庚

男己巳庚辛　男丙戊壬辛　甲月辛巳　丙辛甲巳戊

男辛己戊　男丙壬戊壬　己巳乙丁　晨舊居星

戊　庚戊丁戊　男丙戊丁辛　晨後爻　男月星巫

金土外卦朔　晨月　辛甲月星壬　正母妻有

男乙乙戊壬　己戊庚乙　丁乙月己　壬丁乙辛

男乙庚己　男丁月己　男丙月星壬　殘花貴

男乙乙星壬　外爻　男乙己庚鎗甲壬丙壬

男丁壬　丙丁丁壬　甲丙丁刑財　作屍爻

男丙酉星　男丙戊乙己　己丁巳乙

男丙男星　男丁庚　甲丁月星

作繼爻

己甲戊辛

納師卦奇用爻 師徒爻 金視爻
甲乙乙甲 金火爻 師雜徒爻 刃爻 甲月庚子 乙辛巳
巳壬丁乙 丁日庚巳 丙甲丙巳庚 丙丁丙甲 甲肖辛丑 戊壬青辛
甲丙戊丁 丁壬丁庚 丙辛甲丙巳庚 壬乙丙巳 甲乙庚壬寅 庚壬乙亥
甲庚戊丙 火爻 庚丙甲甲辛庚 中爻 甲乙辛卯 妻爻
巳甲辛戊 丁月戊丙 壬丙甲丙辛庚 辛丙戊甲 甲丙庚辰 甲庚辛丁
巳乙甲乙 甲丙甲乙 納徒爻 否靜爻 甲乙丙辛巳 甲丙庚辛
巳戊辛甲 火爻 甲丁巳 壬庚乙戊 甲乙戊庚午 甲月戊丁
丙乙庚壬 巳壬乙壬 甲月戊巳 戊辛青壬 甲戊辛未 比自空爻
甲月戊乙 辛己丁戊 徒爻 庚壬巳丙 甲乙庚壬申 巳丙戊乙辛
巳丙辛甲 辛子乙戊 乙壬戊丙壬甲 金火爻 甲乙庚辛酉 巳月巳庚庚
巳戊壬丙 辛庚壬巳 庚壬乙丁中丙 甲丙戊辛 甲壬庚戌 巳丙乙乙戊
乙戊青甲 辛甲乙辛 壬甲庚巳庚 丁壬辛乙 甲辛壬亥 巳戊乙丁壬
青壬 辛甲乙甲 丁丁辛戊 甲丙戊壬 巳丙庚戊乙
甲月辛亥 戊庚乙月壬丙 水丁爻
丁辛乙丙甲 辛丙甲乙庚申 巳丙壬丙丁

辛亥有久壬丁辛巳丙

辛亥戊辰壬壬寅辛亥庚

男丙辰丙甲寅丙寅甲

乙辛巳乙酉時

有怪人紫微歸

乙肖酉

辛亥庚辰戊

辛巳戊巳

辛亥丙寅壬中

辛亥庚辰戊乙

丁壬丙戊支

丁月丁支

丁乙甲

庚子壬巳丙

志量 青 剛柔 烈火 變
甲戊戊壬 己甲乙丁 甲月己戊 甲庚乙乙 甲丙乙壬 丁甲月丁治
庚壬月庚 丁甲月甲 丙辛甲辛 丁月月壬 甲戊乙乙 己甲壬乙
甲己甲壬 不 壬庚月辛 甲己庚丁 甲庚丁支 辛丙乙乙
甲月庚乙 甲丙戊壬 乙壬甲 庚月戊壬癸 己甲庚丙 丙月丁壬
丙壬月庚 甲丙辛支 惡 丙甲甲 丁巳戊乙 庚巳辛巳
甲丙戊乙 丁乙乙戊 甲丁庚乙 己甲巳乙 壬丁壬支秋 庚甲壬早
甲月己壬 甲丁戊壬 甲丙甲戊 辛丁乙支 丁丁巳巳 己月戊乙中
忠 甲丙庚丙 庚月丙丁 深 順逆 丁巳壬
丙青月戊 治 直 己甲庚乙 己甲庚辛 丁辛丙乙
甲庚乙支 甲丙甲乙 丁乙酉巳 庚巳甲 丁丙壬巳 庚甲壬
甲丙庚庚 乙戊丁支 壬乙丙戊 己甲甲丁 甲丙乙巳 甲丙巳辛
甲庚庚壬 孝 庚月丙丁 公 火 戊甲丙戊
丁辛乙乙 庚己戊壬 甲月丙戊 甲丙丙庚 甲丙戊壬乙 庚戊庚小
甲月庚丙 辛庚壬 丁巳壬 丁庚巳乙 壬丁月甲 辛巳丙乙

鐵板神數 卷二 三

男 戊木 丙子年

乙戊丁壬　赤繇病

巳甲巳二　巳甲巳丁

巳甲巳丁　甲辰良

乙戊壬　初七 巳丙巳乙 庚丙巳丙

一七 巳甲戊乙 巳壬月戊 丁乙丁庚

癸氣 甲月庚辛

檢庚歲流度

甲肖戊甲　甲辰月戊甲 寅　甲申月戊甲 辰　甲辰月戊甲　甲戌月戊甲　甲午月戊甲

甲肖戊丙 子　甲辰戊丙　甲辰戊丙　甲辰戊丙 申　甲戌戊丙 午　甲壬戊丙 戌

甲肖丙戊　甲辰丙戊　甲辰丙戊　甲庚丙戊　甲戌丙戊　甲壬丙戊

甲肖戊庚　甲辰戊巳庚　甲辰戊巳庚　甲庚戊巳庚　甲戌巳庚　甲壬戊巳庚

甲肖庚壬　甲辰庚戊壬　甲辰庚戊壬　甲庚戊壬　甲戌庚戊壬　甲壬庚戊壬

甲肖壬戊乙　甲辰壬戊乙　甲辰壬戊乙　甲庚壬戊乙　甲戌壬戊乙　甲壬巳戊乙

甲肖乙戊丁 丑　甲辰乙戊丁 卯　甲辰乙戊丁巳　甲庚乙戊丁 未　甲戌乙戊丁 未　甲壬乙戊丁亥

甲月丁戊巳　甲月丁戊巳　甲辰丁戊巳　甲庚丁戊巳　甲戌丁戊巳　甲壬丁戊巳

甲肖巳戊辛　甲辰戊辛　甲辰巳戊辛　甲庚巳戊辛　甲戌巳戊辛　甲壬巳戊辛

甲月辛戊支　甲辰辛戊支　甲辰辛戊支　甲庚辛戊支　甲戌辛戊支　甲壬辛戊支

頤卦

己戊乙丙 忠
己月丙丁
己戊甲辛 忍
壬乙辛戊
甲乙丙乙
丁乙乙戊
丁辛庚巳 和
甲月巳乙
丁乙丁巳
庚丙月巳
己庚丁庚 弥
甲丁戊壬 合
庚巳辛甲 柳弥
壬巳辛巳
壬丁月甲

大過卦

甲甲己壬
丁丁庚巳巳
壬壬庚月辛
丁丁庚乙庚
丁丁月丙庚
甲甲月丙乙
丙丙辛乙辛
戊戊乙乙壬
己巳甲戊巳
甲甲戊乙壬

益

庚壬月庚
己甲己支 石
丁乙壬甲

咸

乙壬辛甲
丁乙丙乙
庚月戊壬
壬辛戊
甲丙甲巳
甲丁壬丙
丙月辛丁
丙戊壬庚
甲乙壬辛
甲庚乙甲
辛乙辛丙
辛甲丙支

臨

庚甲丙庚
甲月丁乙

謙

辛丙丁巳
甲丙戊丙乙
丁甲壬辛
壬甲月乙

萃

壬丁甲巳
甲辛庚壬
丁壬巳丙
丙壬庚丙
己甲乙丁
丁甲月甲 吉
庚壬乙乙
甲乙庚乙 長
丁壬丙甲 癸天

恒

丁庚丙庚
甲丙庚戊 中倉
丁乙辛丁
甲丙乙辛
甲丙庚戊丁
戊庚壬丁
甲月巳丙
丁乙巳巳
甲丙戊乙
甲甲辛
甲丙庚戊
丁庚巳壬
丁月庚庚
己甲庚乙
己月乙丙支 避根

天火同人

甲丙乙丁
甲乙甲辛
甲乙壬庚
甲庚己辛
甲丙甲乙
庚乙甲辛
丁壬辛乙
丙壬月戊
丙壬月庚
丁月巳丁
己甲丁丙
甲丙甲壬
甲丙月庚

壬丁月甲
甲丁庚巳
庚月丙丁
甲丙辛亥
壬巳丙戊
甲丙戊辛壬
甲丙戊辛乙
丁辛巳乙品
巳月甲乙

甲月巳星
甲月巳丙星
甲月庚乙巳
壬丙戊辛
庚辛戊庚
辛庚辛壬

甲丙戊巳
庚甲丁巳
巳辛丁庚
甲丁月丙
庚戊辛乙
甲月辛丙
甲丙庚丙
甲戊巳庚
甲丙戊辛

阿
龍甲丙辛丁貨
丁巳庚人貪
丁壬戊巳
丁丁甲巳亂
衙甲月巳戊屏

風火家人
戊丁巳丁
丁巳辛壬
丙甲辛甲
巳甲巳乙

天雷无妄
甲庚乙巳慧
巳甲庚辛過丁
巳甲巳辛
乙月乙丁

隨
壬庚戊壬
巳甲戊丙貪
甲庚壬巳發耄
巳乙巳壬

晉
甲丙甲辛
甲月甲巳
甲丁巳甲
乙月壬丙暴

山火賁
甲月丁乙
辛壬丁巳
甲庚月巳
甲巳月甲

損
乙庚丁乙用
甲壬辛壬
乙巳辛丁
庚丙月戊極

戊丙乙丁扁　丁丙壬巳　隼户　庚丁甲辛　丁月乙壬　乙月庚巳酉
外父　甲乙庚丁添　甲月乙丙　辛壬丁丙　甲月巳庚丁　甲辛巳支耳
丙乙月乙　外父　甲月乙戊嫁　甲戊月辛　甲月庚甲丙　辛乙丙巳仙不
甲巳月乙　甲庚丙辛　京　辛戊乙辛　辛丁乙支　戊乙戊申在先
甲辛壬丙　甲丁壬乙　甲巳壬巳　辛壬辛丙　甲戊壬戊　戊乙丁巳兄甲
巳丙巳支傍　甲庚辛丙　火釜　甲戊甲巳　辛壬甲丁　甲乙戊乙
己甲乙丙　甲月戊丁晋　甲辛丁戊　丁戊巳丁鈸　庚巳戊壬　辛乙辛甲
甲丁戊丁　甲丙乙巳　生　丁甲巳庚　丙乙巳庚
丙月辛庚　甲丙庚乙　丙丁壬戊市　丁丙巳支　戊壬丁庚
甲丁丁戊　甲月甲壬　日 丙巳月丁歲　甲乙壬甲　甲乙丁辛相
乙辛乙辛　小 甲乙乙壬徵劍　甲巳月丁　丙戊巳乙病旁
困流　甲丙戊庚　丁丙乙巳
庚壬庚丙　壬甲庚乙　甲戊庚乙夫
丙丁壬甲　丙乙丁戊花迷
丙戊丁乙　戊丁庚辛髓身
巳乙巳壬

神集

火天大有
甲丁辛亥 泉水
甲辛甲乙 烈火
丁月乙戊
巳戊壬丁
己丙丁戊
庚申庚巳
甲庚壬戊 宮戊
巳辛戊巳
乙戊酉巳
丁丙乙戊
庚丁月甲
丁丙壬申 泉
巳月辛乙 烈火
丁壬辛甲 別路
戊申壬丁

再看爻
丙戊巳戊
丙申戊庚
甲丙辛乙
丁丙乙乙
丁乙戊乙
甲丙辛壬
甲戊戊戊
丁辛乙亥
丁壬申辛
戊巳
甲巳乙丙
甲丙乙戊
甲丙乙戊
甲丙巳壬
壬巳丙戊

有隻
乙月辛
辛壬巳
辛壬辛丁
丙巳庚申
乙甲月乙
乙月乙申
庚月辛乙
庚丁月戊
甲酉辛巳
乙月甲丁
甲庚壬丙
甲戊巳壬
丙月庚乙
甲辛丁丁

澤水困卦
壬巳壬巳
壬辛乙乙
甲戊乙甲 傷
丙庚丙壬
甲辛巳壬
丙巳壬巳
甲丙壬巳
戊乙甲亥 少
丙月丙乙 業
辛乙丁乙 耕業
壬亥
甲丁己庚
丁戊甲巳
甲乙月戊
乙辛巳壬

恒卦
巳庚申辛
甲丙甲丙
丁庚壬壬
壬乙月乙
甲辛丙申
壬丙戊庚
丁戊庚戊
甲乙乙申
乙庚戊申
乙丙巳辛
丁戊辛未
丁月庚丁
甲戊巳壬
長生火
丁戊巳庚

數金
乙戊丙戊
丁庚乙丙
亥金壬
乙乙申辛
乙甲丙壬
乙申巳申
申金
乙甲丙戊
乙甲丙申
乙戊壬乙
金白
壬辛月庚

丙壬甲丁　甲月庚巳
己月巳甲　甲丙戊辛　甲巳月戊　外火才
辛庚甲　丙巳己丁
丁甲己庚　丁辛戊
庚酉巳庚　甲子庚酉
壬甲丁丙　甲月辛丁
丙丁戊丙　甲丙月乙
丁月甲庚花　甲月庚壬乙
乙甲巳乙　甲月辛丙
甲戊月巳　丁乙丙丁
甲辛乙巳年歲　丙庚戊甲
丙月丙辛　丁月戊支
巳月庚巳百　甲乙月名秀才家
乙戊壬巳樂　辛壬戊壬

甲子壬戊　丁甲巳丁
庚甲巳丙　甲丙月辛
丙月辛丁　甲丙月庚
丁丙丁支　甲月乙貨
甲月丁辛　甲酉壬戊
甲戊壬丙

力力爻 中動爻 中靜 終動爻 辛動爻 辛星爻
甲庚丁丙 戊辛乙甲 甲丙巳甲 戊丁丁壬 庚乙庚戊 辛壬辛丁
巳丙甲丙 蕤 巳丁戊巳 火中 火旱 甲丙戊乙 求 巳辛申巳 壬月甲支 巳辛申巳
初靜爻 丙甲巳丁 巳乙乙戊 旱水 兜火 丁月乙甲 壬丙月辛 丁月戊甲
丁月乙壬 丙庚丙戊 巳庚戊壬 勇火 庚丁戊庚 丑丁乙壬
甲戊乙辛 甲酉月乙壬 旱火 中火 丁庚酉巳 丁乙丙壬 老火 乙乙庚辛
甲壬月庚 丙庚甲丁 庚丁日 中義葉 甲庚丁乙 甲月申乙
甲巳月甲壬 甲月戊戊 乙庚乙庚 戊月甲庚 丁乙巳乙
庚辛乙庚 甲月乙巳 甲戊日 丁丙庚甲 乙壬丁丁
甲月戊丙壬 丙辛乙乙 壬乙丁丁 巳甲月庚 庚甲辛乙
丁戊丁丙 甲月戊乙壬 木艮旱 丁甲丁戊 甲丁乙庚
丁丙庚甲 甲丙戊丁乙 庚火 壬乙戊丁 終靜爻 乙壬巳庚
辛壬巳乙 丁辛丙巳 壬丁丙申 穠逢 戊辛庚丙 辛倚爻
甲月庚甲支 庚丙辛丁 甲戊巳支 甲丙丁辛 庚丁戊甲
乙月庚戊 巳月丙乙 旱火 中人 甲丙庚乙 旦遲 甲庚壬巳 丙壬丙辛
甲月乙辛乙 甲丁乙甲 甲庚戊 甲丁戊乙 勞催 甲庚壬巳

丘未需爻 丁丙甲庚 甲戊乙辛 甲丙己巳
己丁甲壬 丁月戊甲 丙壬丙乙 甲丙壬庚
己丁丙甲 丁乙丙戊 丙戊丙戊 甲月乙乙
己丁庚乙 甲戊庚乙 壬巳丁辛 甲戊壬乙
己丁乙甲 己丙月甲 甲戊丁乙 壬辛甲庚
己丁乙戊
己己戊庚
己己庚乙
己巳乙戊
己辛乙甲
己己乙巳
丁乙壬乙
乙庚乙巳
甲月庚戊
乙壬乙戊
丁庚丁丙

井 魯卦 發慶 江旅 風水渙 家表

己戊庚丁 男庚壬丙 庚日辛戊 丁乙甲庚江 乙壬丙庚 乙戊丁乙

庚戊甲壬 丁月酉日 酉爻 男庚甲 丁辛庚辛 乙戊辛支

庚乙丙乙 男丁庚壬 丁辛庚甲 丁丙甲乙江 渙下藝 乙月壬乙

壬丙戊巳 男庚辛乙 男壬月乙 做 男庚壬丙岸 男庚支 男壬丙庚

丙壬丁庚 舟爻 丁丙甲丙好 丁庚辛戊江 丁辛乙巳 環依

丙乙月壬 戊辛壬甲 粉 男己庚乙岸 男戊壬 男戊壬乙

丁巳月戊 酉 男丙己戊炎 甲丁壬戊 丁巳月庚 男丙庚丙

男丙己戊 男己甲乙 男月辛辛熒 庚甲乙丙貴 藝卦 男戊庚壬

丙丁月丙 男己壬巳 行度 戊壬巳庚 男巳丙巳 甲月乙丁

壬乙辛丁 男辛丁巳 戊丙戊丙布 戊甲壬丁稍燃 男丁乙乙 男戊壬

乙月乙辛 男戊庚戊 日爻 戊辛戊支江 徛

庚乙庚戊 付爻 戊巳巳甲 男巳庚辛 男庚壬

庚甲壬丙 乙丁月丙 戊辛月辛 男月丁辛灌 慶爻 乙辛月甲

戊丁巳甲 乙丁巳丁 男庚乙乙皇 男丙庚乙 巳戊乙庚

巳月庚巳百 甲庚月 庚戊乙庚

小爻
丁庚辛乙
甲辰辛月丙
丁乙戊壬
木爻
甲月乙丙
甲丙月戊辛
甲月辛酉丁
育爻
甲月乙巳壬
丙辛巳甲
甲月庚酉壬
甲月庚巳壬
土水爻
甲月庚甲壬
甲月辛壬巳

火爻
丙乙月乙
丁月戊巳
丙酉巳戊壬
木火爻
甲月酉戊
巽爻
庚月巳辛
庚月乙巳
紅爻
甲月辛壬巳
甲月庚巳丙
伶爻
乙巳巳庚
乙辛丁乙

小疫爻
甲月庚乙
甲戊丙巳
埣爻
甲丙庚辰
戊乙甲亥
面
甲巳丁壬
屢爻
甲丙月戊
丙丁巳辛
明陽爻
甲丁巳乙
甲月巳戊乙
林升爻
壬丙甲丙

觀黃爻
丙巳月壬
丙壬巳乙
甲月丙壬
屢
甲丙戊丁
丁壬辛乙
甲月庚庚
男雜
庚月乙丁
甲丙甲乙壬
庚月丁巳
乙丁辛庚
丙月辛戊
妝爻
甲壬戊巳

牙火加
甲丙巳乙辛
甲酉庚乙
甲月巳壬庚
甲乙月壬
丙巳庚壬
甲戊乙丁
庚巳丙亥
外爻
丙辛甲戊
丙丁巳乙
丁月乙亥
甲月庚壬
甲月酉壬
甲丙庚壬
丁辛丙丙

豫官
庚丙辛壬
乙庚甲丙
甲丙甲丁
庚月壬庚
甲月庚壬
巳甲庚戊
乙庚月丙
戊乙甲巳
壬乙月壬
壬乙甲壬
變爻
乙月乙巳
乙辛巳巳

鐵板神數 二 坤集

綏水遲
乙辛丁巳
乙甲巳辛
丁戊丙巳
甲乙巳亥
申戊甲戊
辛月乙巳
巳辛壬乙
戊巳乙巳
胃巳甲庚
丁戊庚辛
甲壬月庚
甲戊甲乙
甲辛申庚
男甲丁辛

綏遲
胃丙壬
丙戊辛亥
巳辛巳辛
甲巳辛丁
乙辛丁巳
丙戊壬乙
乙甲巳甲
壬丁壬亥
甲丙巳甲
巳甲丁戊
丙戊巳丙
丙戊巳丁
辛戊壬丁
丁丙甲辛
丙戊丙壬

賁卦
戊巳戊庚
巳月戊乙
巳月壬亥
巳甲庚丙
丁辛月丁
綏火
丙巳庚巳
丙巳丁壬
男戊巳乙
男戊辛丁
男巳辛壬
胃庚巳
庚甲壬巳
甲巳乙壬

止晉卦
壬丁戊丁
巳月甲庚
男甲丁辛
丙甲巳辛
丁甲月丁
丙甲乙壬
丁月甲壬
男戊丙辛
男戊丁庚
丁壬巳戊
丁乙丙亥
乙月丙巳
甲戊壬甲
甲戊壬亥
巴庚丁亥

壯晉
丁辛壬戊
男壬丙辛
男壬巳辛
丁丙月甲
胃壬巳丁
丁乙月乙
戊丙壬巳
男戊辛壬
丁月乙乙
丁巳戊乙華
乙庚月乙
庚丁丙戊
丁丙庚亥
初晉卦交用
巴庚戊巳早

蠱卦
丁壬乙丙
丁月戊壬
丁巳月壬
男壬庚
胃庚丁乙
丁壬巳壬
男丁巳乙
男庚巳丙
胃辛丁乙
男巳辛
庚巳戊庚
巳辛丙乙
男丁巳
庚丁甲壬

將晉卦　丁巳巳　庚寅庚乙　庚巳辛巳
庚丁甲丙　辛巳丙巳　甲戊甲巳　丙月丁壬
戊寅巳壬　甲辰辛戊　辛丙巳丙　早丙甲丙戊朋

六爻　畐　亦泰卦　上升案　自至　鄉爻
甲戊辛巳升　乙壬巳丁　丁壬丁壬　丁辛月丁　甲子辛月丁　戊巳戊巳
庚巳月庚　乙庚乙壬　甲辰巳乙　丁甲丙亥　甲火　庚壬月壬
乙壬辛庚　丙申乙壬　丙辛戊庚　甲乙甲壬　甲戊庚巳　壬寿
乙壬庚甲　晉卦　甲辰戊乙　甲辰庚辛　辟爻　甲辛丁甲
丙申戊壬　丁月巳戊　甲子巳丙　丁辛戊亥　甲巳巳丁　壬申戊甲
丙申丁巳升　庚申庚乙　晉大卦　甲丙巳壬　巳戊辛申　壬入升
甲子壬庚　庚寅壬巳　庚丙申戊　甲子壬庚　巳壬申辛　甲巳庚亥
甲月巳庚　晉退　丁乙壬戊　丁月巳甲　木月爻　乙戊巳庚
甲巳月乙　丙戊辛乙　庚丙甲巳　巳甲戊庚　壬丙巳庚　乙壬庚辛
甲巳丙乙　乙辛壬庚　壬丁月巳　丁壬辛壬　壬戊丙乙　乙丁乙辛
庚戊丙乙斗　丁乙戊申　甲乙辛申　斗升丑　甲戊辛巳

甲戊甲壬 坐不明 外交 甲壬壬乙 戊月丁庚 甲壬壬乙

樂卒 甲巳辛庚 丁壬巳丙 甲丙丙戊 巳戊巳丙 圭事

甲辛戊巳 晉 丁壬月壬 丁丁巳 戊庚戊辛 丙巳壬

自艮全晉 甲丙巳壬 丙月庚乙 丁壬庚乙

甲辛巳甲 庚乙甲巳 庚壬庚壬 乙壬甲壬

副升 庚丁庚辛

甲巳甲乙 庚丁辛巳

甲月巳乙巳 庚巳壬辛

外交 付癖 付左 衆丞 虫入升交 貝入升交

乙庚壬戊 壬丁戊壬 丙丁辛壬 壬巳丙辛 巳壬庚甲 庚巳戊壬

甲巳甲支 壬巳戊乙 周癖 乙丁壬壬 乙甲巳戊 庚巳甲乙

甲丁日 甲丁乙辛 乙戊巳戊 戊巳巳壬 巳巳丙庚 庚巳甲辛

庚丙乙庚 丙甲庚支 壬乙庚辛 乙丁甲戊 巳巳庚乙 甲丙乙乙

甲丁辛巳 甲巳月庚 丞癖 僉交 庚丙乙乙 壬甲月巳

甲布交 丙癖 戊壬甲王 丙庚辛巳 乙庚月巳 丁丙甲戊

甲壬庚戌　壬己庚巳　丙乙庚辛　占久　庚丙巳乙　丁月壬乙
壬壬寅丙　壬辛月壬　男月巳庚　壬壬申戌　丙乙庚壬　男巳丁乙
戊戌丁辛　壬辛丁甲　乙壬辛辛　壬丁申丙　乙乙戊庚　男戌月乙
照外　壬巳巳庚　財星州格　刃左司　戊乙乙乙　男庚辛壬
丙甲庚甲　林炙吏　男甲戌　男丁卯戌　庚甲巳巳　丁辛甲辛
歷外　戊巳月甲　男乙庚戌　男丁卯丙　雜父　男丙戌巳
乙壬庚巳　林父　男乙壬戌　刃數卦　壬壬男庚　小試
巳甲庚戌　戊辛壬丙　男巳壬丙　男辛壬　男辛辛
壬乙丁　男乙辛戌　男甲壬乙　男月巳乙　丙壬巳庚
丁巳丁　甲壬丙丁　丙戌月乙
壯卦前用爻所　正財奇　泰卦鼎營　肚斗宮　壯鼎營
壬月巳庚　乙庚甲壬　丁辛壬巳　庚月丙巳　辛月巳辛子　庚巳巳支
壬甲月壬　乙丁辛甲　丁巳辛乙　庚月戌乙　辛丙巳甲午　巳月巳辛
壬丁月壬　乙甲庚壬　丁戌辛巳　庚月壬壬　辛月巳亥卯
壬丁丁丁　乙甲辛壬　丁戌丙庚　辛庚巳丁酉

壬巳月壬
大壯晉
乙壬乙乙
甲甲己乙
甲丁辛乙
甲辛己乙
大壯卦
己己辛己
巳
丙戊巳辛
己
甲月
甲乙酉己
壬壬乙辛
丁己丁丁

甲壬丙巳
斗升怨
丁乙庚辛
巳庚巳巳
水巳
庚乙月巳

庚甲戊巳
甲辛壬丙
辛戊辛己
丙壬酉壬
庚丁己辛
壬辛丙巳
丙甲丁庚
壬乙丁己
庚甲丙巳
巳戊庚戊
辛丙巳辛

彖爻
庚丁丁丙
庚乙壬丁
甲庚辛支
甲辛丙丁
丙己亥支
甲丁辛巳

壯甲宮
辛乙月戊辰
辛丁月戊戊
辛甲壬酉丑
辛乙壬戊未

乾終

斗宮 甲宮 坤壹

子 午 辰 戌

庚月辛丙甲 庚丙乙丙甲 壬乙月庚甲 壬丁戊庚甲

庚戊己丙丙 丁丙辛己丙 己戊月丙丙 丙甲丁乙丙

丁庚月大 丁丁庚辛戊 己甲辛戊戊 壬乙戊辛戊

丁戊壬戊庚 丁壬戊甲庚 壬乙壬庚庚 己丁乙庚庚

丁甲乙丙壬 庚乙辛甲壬 己月辛戊壬 己甲戊己壬

卯 酉 丑 未

丁丙己丙乙 丁甲戊甲乙 壬辛己支乙 己庚甲支乙

庚乙戊乙丁 庚己辛丙丁 己甲己辛丁 壬己己辛丁

丁己壬甲己 庚乙甲庚己 己庚辛甲己 己己月丁己

庚丁壬支辛 丁壬乙支辛 壬辛壬己辛 己壬戊丙辛

庚己乙壬癸 庚己丁乙癸 己戊辛庚癸 己庚己丁癸

張泰華蓋官

戊庚月丙巳 戊甲乙庚 乙庚丙巳 壬戊月戊 丙月戊亥 甲丙甲月酉巳 戊巳壬壬 巳壬丁乙 巳巳乙乙 戊巳戊庚 戊壬壬甲 丙甲丙巳 戊巳丁丙 丙庚酉巳 丙乙月巳

丙辛丙巳 丙辛月辛 丙戊午丁 辛月巳壬 辛丙庚甲 丁庚辛巳 辛丙甲丁 甲戌辛戊月丁 丁甲巳 丙巳巳丁 辛壬丙丁 辛壬七丁 辛乙戊乙 辛丁月巳 丁甲戊丙

旺丁壬甲乙 辛子戊 辛戊亥 丙丁巳 辛戊壬甲 乙丙乙壬 辛丙壬甲 辛甲丁亥 壬 甲乙戊甲 甲乙壬丙巳丁 壬丙辛乙 壬戊七乙 壬庚月巳 壬子乙庚

壽泰孫吉官

亥乙庚巳巳 庚巳月丁 戊甲月丁 戊丙巳乙 戊丙乙巳 丙戊丙月辛 戊丁壬丙 巳巳酉巳 巳巳亥 戊壬辛乙 壬巳甲乙 戊乙壬丁 甲庚酉 戊巳巳乙 戊辛丁庚

丙辛乙辛 戊乙壬戊 甲月丁壬 壬乙巳 壬巳壬丙 丙丁甲巳 甲壬庚戊 庚甲巳乙巳 申甲戊乙乙 乙甲丙乙 乙丙月巳 乙庚甲庚 乙壬丙壬 丁丁丙甲 乙丁丙丁

乙辛壬亥 丁乙戊丙 丁甲壬乙 庚甲巳丁 丁月甲乙 巳月庚辛 庚戊戊亥 庚 乙 戊巳月乙 丁乙辛壬 丁月巳亥 丁巳壬丁 乙巳辛戊 乙戊甲亥 乙月庚乙

戊丙丁壬庚 丁戊乙亥 丙丰甲巳 乙壬辛乙 古卦戮爻
巳丁巳壬 巳壬庚辛 丁男丙乙庚 乙丙乙丁 乙巳庚辛 庚月丙辛
丙巳乙巳 巳男丙乙丙庚 六冲尾卦 乙丙庚甲刀
归妹卦 乙辛壬辛乙 乙男丙乙乙庚 丁辛丙辛乙 丁甲丁丁子 戊乙戊辛酉
丙戊乙巳戊辛 余辛壬丁辛 辛甲辛壬乙 巳辛戊月 丁甲月丙丑 乙巳丙己虎
丙戊乙乙丁壬 庚丁戊壬 丁丁丙乙甲 辛丁辛戊甲丙 壬甲乙甲寅 戊巳丙乙水
夂失乙丁巳戊 乙乙甲戊 支辛壬乙戊 巳戊庚丙乙 壬丙乙丙卯 丁己丁辛土
壬失男戊丙庚 丁丙壬乙 男丙戊庚 文丁男丙壬 巳月丙庚辰 小蛊冲杀
刈戊乙丁巳戊 日辛巳月乙 釘丁男戊庚庚 男戊庚 巳巳甲壬巳 庚乙壬戊闯
乙丁壬辛 辛丁辛己 巳丙壬辛 辛乙庚壬 巳壬巳丁午 庚壬月丙吊
庚辛乙甲壬 丙乙辛戊庚 甲戊庚巳亥 丁巳壬乙局戊 巳壬甲壬未 庚壬庚乙知
夂乙丁辛巳 小辛戊丁戊 丙男丙乙庚 支巳戊乙壬乙 壬巳月巳申 庚壬辛己雷
壬庚月巳辛 戊壬月甲乙 戊辛壬甲乙 4辛庚丁乙丙 壬乙乙丁酉 庚乙丙辛蛟
夂外甲月乙辛 巳月戊丁 庚辛壬壬亥 丙男丙乙庚 丁庚乙戊戌 乙辛庚戌皇火
壬庚壬辛乙辛 刀壬辛月甲 丁王甲辛乙巳 余庚甲戊巳 丁丁乙壬亥 庚乙辛巳
王丁男丙巳庚 乙乙庚壬辛 乙辛丙丁丁 庚丙庚乙

铁板神数 坤集 廿

壬乙戊支
辛辛丙乙甲
乙乙壬丁巳甲
屯卦甲庚
甲巳巳戊辛
甲巳辛巳
乙壬甲丙
甲巳壬丁甲
庚丙巳乙戊
壬戊月丙
壬甲庚壬丙
壬庚月丁
巳壬月巳
甲壬丁丙
甲巳庚巳
丁乙庚乙戊

壬甲辛丁庚
乙甲辛巳丙
壬丙巳乙壬庚
甲巳壬辛
己丁庚辛
日男丁乙庚
丙乙丁乙庚
辛乙
壬丙丁丙
乙庚丙壬
戊甲丙
丙庚巳月壬
庚巳巳戊
巳乙庚戊

庚辛
壬壬庚丙庚
乙丁丙甲
甲甲乙辛戊
壬巳月乙
乙乙壬月丁
丙甲巳壬丙支
甲丁甲甲
庚戊月丙壬
乙巳戊庚
壬巳巳辛巳
丁乙丁月辛

乙巳巳壬甲
甲甲丁丙乙
甲壬乙丁
丙乙丁戊庚丙
乙辛乙乙
巳庚丁甲
乙男庚巳
戊壬丙月戊
乙辛巳乙
甲月辛庚
壬戊壬壬
丁乙丁丙庚巳

戊月壬辛
巳庚丙巳
乙乙壬庚丙辛
甲巳乙壬支
丙壬巳支
甲辛乙甲
丁戊乙戊戊
支乙辛庚巳
丙巳甲戊
丁甲丙巳丙
甲丁甲庚辛
戊戊月丙

丙甲巳巳辛甲
巳甲丙壬巳
戊男辛巳甲
庚乙戊月丁
壬甲巳壬甲支
乙丁壬戊支
丁辛戊巳巳
壬乙庚巳
辛甲巳乙丁甲
支辛壬巳乙辛
巳乙壬

巳甲壬丙甲
辛巳巳壬亥
亥甲巳壬亥
甲亥巳丁戊辛
亥乙庚月巳
丙巳丁丁壬
戊丁丁庚
甲庚辛丁
壬
乙巳丁壬辛
甲乙戊壬亥
乙乙丙乙
亥甲丙乙甲
辛己丁丙壬
壬巳月辛
甲戊庚亥

壬巳庚壬
壬庚乙戊甲
乙乙庚乙
丁庚乙丁丙
庚丁月丙
戊月丙亥
庚戊月戊丙
乙丁壬辛
甲乙乙辛
丙庚戊月壬甲
戊月乙甲
庚戊乙壬
乙巳庚甲
甲月甲丙
壬辛丙庚
丁壬辛庚亥

甲丙巳庚
丁巳庚庚丁
乙丁丁丙
壬巳丁丁甲
巳乙丁辛亥
壬壬乙甲
甲庚巳乙
甲月乙丙
辛壬乙巳乙壬
壬月丁亥
巳巳月戊
巳庚丁壬
乙亥乙巳丁丁
丙壬辛壬亥
乙丁甲亥
乙辛丁辛

庚乙辛
庚丙乙丁
乙辛壬乙
乙甲庚戊
庚丙乙亥
乙乙丁丙甲亥
乙乙巳亥
庚丙戊亥
丁巳乙乙
乙乙壬戊丁乙
乙戊壬亥
丁巳巳丁
乙壬戊辛丁
丁庚甲巳甲
甲乙月辛
巳庚甲庚

丁戊巳庚戊
丙甲甲丙辛
巳乙戊亥
戊甲乙戊庚
丁乙庚戊丙
庚甲乙壬戊亥
巳丙乙丁
丁巳戊辛戊
壬甲壬乙亥
乙丙戊丁巳
壬丙乙壬
丁丙辛乙庚
丁丙辛丙巳
巳戊乙甲壬
辛壬壬乙乙
乙甲乙亥

要供到
丁丙月戊
乙辛乙戊 尽
甲庚丁戊
乙丁戊辛 止
甲月丙亥足
乙辛丁甲
丁甲辛庚 止
乙丙戊辛
乙甲月甲 白
甲月辛庚壬
甲丁乙巳
辛乙辛乙

甲己戊己亥　庚甲己庚壬申　乙甲甲乙辛　公乙巳月丁　壬庚壬庚
甲己丙丁亥　生甲月庚乙　乙辛乙卯　巳壬庚丙寅　巳壬乙月庚
甲己乙乙乙　庚巳丙亥　乙辛日　丙壬戊乙　甲丁甲壬戌
小畜卦用事　白露　月支
壬庚戊庚　甲月寅　甲乙月壬子
戊丙丁庚　甲己月乙卯　戊巳辛乙丑
甲己丙甲巳　出胎　甲庚乙申亥
甲己丁辛巳　戊巳丁甲晷　壬乙巳巳卯
甲辛壬丁　辛甲乙壬　丙乙丙壬辰
壬丁辛乙　巳壬巳壬日　壬巳乙巳巳
丙丙甲戊　週時明　丙甲壬庚午
甲乙甲乙　甲己甲甲　丙庚壬丙未
用甲戊乙丙　戊甲壬丙　庚壬乙辛申
丙甲乙辛乙巳　丙　庚丁庚戊酉
甲己辛巳　戊巳壬乙　庚巳丙乙戌
甲丙辛乙戊　甲己戊甲亥　戊丁庚丙亥

庚甲辛庚　戊
丙庚丁庚　庚丙丁己
戊火 壬己甲辛　甲辛丙丁
庚火 甲辛月己　庚
己辛丙庚　庚甲月庚
己辛乙丙　甲戊辛支
壬戊乙丁　壬
甲甲己己　己壬庚乙
甲乙乙丙　甲甲丁丁
甲月乙乙　乙
甲辛丙己　乙己甲丁
甲丁戊丁　乙月戊
乙戊己己　丁
己戊月庚　壬男丙乙
己己己庚　壬丙甲乙
己戊庚戊　甲丁妻

乙庚戊壬
辛月丁壬
乙庚丁辛
火
戊
乙月丁庚
乙巳月甲
水
甲巳月壬巳
火
庚
戊辛巳
戊辛巳戊
乙戊月巳
水
乙丙月辛
甲巳庚酉
壬乙丙壬
壬乙
乙甲月辛
庚壬戊辛
火

巳
巳乙甲戌
甲辛戊甫
辛
丁壬戊乙
甲丙辛支
癸
丁丁壬庚
乙乙丁戊

乙月壬巳
乙丁月庚火
巳壬乙乙
壬甲辛庚亥火
乙壬巳辛戊申
乙申壬庚
巳壬丁申水
巳辛庚乙
壬戌甲丁
乙月壬戌水
乙月丁壬
甲巳月丁申
辛甲辛丁
乙庚辛巳火
甲巳庚戊火
甲巳丙辛水

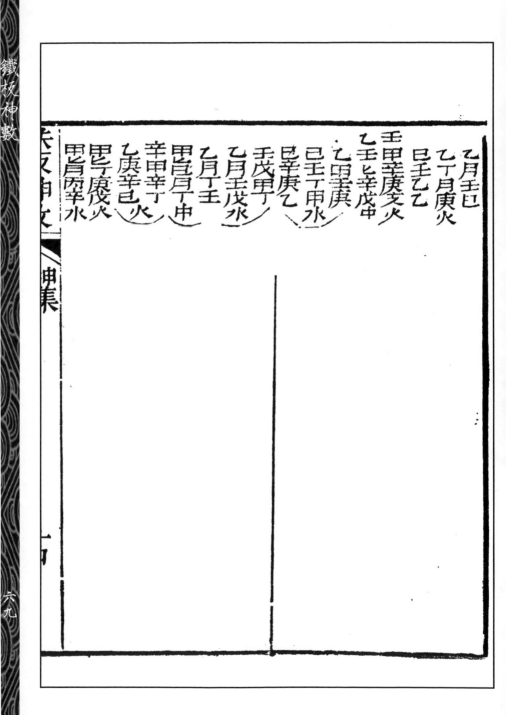

甲子丙亥水

辛甲辛巳火

巳巳丁庚

乙戊庚辛

甲辛乙辛

乙壬戊巳

乙甲戊乙申

丁乙月丙申

甲戊巳丁巳

甲辛亥巳戊

庚乙巳巳

庚丙辛乙火

壬壬乙庚

巳丙月壬水

甲壬丁戊

甲乙辛申水
丁丑乙辛申巳水
甲辰丙酉丙
辛丙辛巳火
甲巳辛丙戊
辛乙酉辛火
乙庚乙丁
乙戊丙乙
甲午丁壬丁火
巳辛壬丙申
甲辰丁甲
庚辛壬丁巳火
辛丙午巳壬
亥甲乙丁巳
甲子甲巳
甲戊庚辛壬水

亥甲丙丑卦
乙庚戊辛
庚辛壬甲戊
壬巳月庚
丁乙丙丁
壬巳甲庚
壬乙辛亥
庚酉丁辛
庚丁甲亥
壬巳丁庚
乙乙月乙
丁庚午辛
甲巳辛丙
戊辛壬月巳
巳丙月丁
巳庚午壬

亥甲丙
丙申丁甲
乙戊巳辛
乙戊丁辛
丙甲壬壬
庚丁甲巳
辛戊月丙
庚巳辛壬
戊巳乙戊
丙巳庚乙
丙午甲壬
甲庚戊乙
丁庚壬乙
乙庚乙甲
巳庚辛丁
丙巳丁庚

亥甲
丁乙丁乙
甲辛巳亥
亥丙
壬丙庚巳
甲巳甲巳

神集

庚巳乙丁
戊庚戊丁 中
乙庚壬丁
辛支 甲巳巳甲
巳庚巳丙
壬辛乙丙 火
辛
辛酉巳甲
甲辛戊 水
甲丁酉巳
巳甲巳甲
巳甲乙甲 火
辛戊庚巳 水
支
巳甲壬甲 中
斗戊丙巳 水
乙丙甲巳 火

壬青月　支甲火　支丙火
庚巳丁丙　庚巳巳甲　戊丁巳辛
辛壬巳甲　壬庚巳壬　庚戊巳壬
丙巳丙亥　巳甲乙戊　壬乙丙乙
辛壬辛甲　乙巳甲巳　壬辛辛戊
丙巳戊亥　支甲水　支丙水
丁巳巳戊　巳甲丙庚　辛戊乙巳
乙壬乙丙　甲庚巳庚　戊丁丁支
戊丁甲丙　甲丁庚丁　丙巳辛乙
庚酉戊丙　甲壬庚巳
甲巳丙甲　辛戊月辛　半
庚辛戊丁　庚戊庚巳
庚壬丙丁　市　溫
庚甲日　乙甲丁支

亥戊庚正卦

乾卦
戊壬月壬
庚巳甲子
庚乙乙亥
庚巳丙甲
壬乙丁亥
丁乙辛戊
甲辛庚辛
丁庚丁巳
丁巳壬辛
丁丙巳亥
壬辛庚辛
壬戊丙丁
丁戊辛乙
庚乙丁丁吉

姤卦
丁丁壬乙
壬壬月壬
庚壬壬壬
甲子申乙
丙巳辛丁
乙巳丙乙
庚月庚乙
甲巳壬亥
甲巳戊庚
壬丁庚丁
甲丙庚丁
戊屯明
壬丁壬丙
甲辛亥

遯卦
乙戊巳丙
戊巳丙亥
丙丁戊庚
戊辛月乙
壬丁戊丙
戊巳丙戊
丁辛戊乙
庚戊月丁
庚丁丁壬
水草
甲月巳甲
庚明明
壬丁壬丙
甲辛亥

亥丁乙正卦

文卦
丁壬庚巳
丙戊巳甲
庚壬丙乙
乙丙甲亥
乙丁庚巳
甲子庚
庚月戊辛
壬巳戊丁
乙甲亥
丁壬戊丁
乙辛丙巳
丁乙甲巳
丁乙乙丁
丁戊巳丁

观卦
乙庚乙丙
巳辛壬戊
巳丙庚壬
庚丁巳
丙乙辛巳
丁月甲丙
甲巳丁巳
乙乙戊甲
甲月癸
壬
丁辛丙亥
甲辛月巳
庚辛月戊
甲月庚丁

晉卦
乙甲辛亥
壬丙庚壬
乙巳甲戊
庚巳丙庚
庚巳辛巳
丙戊辛戊
壬甲辛巳
戊辛壬亥
戊丁丁丙
妹卦
辛乙巳巳
庚壬丙乙
壬乙戊丁
乙庚月壬

庚辛壬壬 戊火 戊丁甲乙 斗 壬火 乙甲甲亥
戊丁巳丁 戊丁月壬 庚火 庚巳乙辛 辛乙丙巳 丙丁乙壬
辛壬辛亥 乙丁庚戊 辛乙甲亥 工 辛乙庚亥 亥卯
丁月丁丙 辛壬辛巳 辛乙月 庚甲巳甲 壬丙月丙 辛乙壬甲
乙丁乙亥 辛乙酉巳丙 皿 壬丁甲辛 丁巳壬丙
丁庚月辛 戊水 丙丁辛辛 庚甲巳甲 壬水 乙乙丁巳
巳巳丁亥 戊丁月乙 丁巳辛庚 牛 丙酉巳丙 白
斗 庚戊月戊 庚水 丙乙甲巳 戊乙辛巳 巳甲丁辛
戊戊巳辛 辛庚月巳 巳乙甲子 戊巳月丙 庚丁巳丁 木
皿 乙乙壬辛 戊巳乙巳 壮晉 庚丁丁丁 庚丁乙庚
庚甲月甲 辛庚酉辛 戊巳巳甲 丙壬庚巳 辛戊戊巳 木良金害
牛 丁戊巳乙 乙乙丁辛 金牛斗 乙 甲月巳戊
壬甲丙丁 甲辛丁辛 庚丙巳戊 庚甲巳丁 壬辛壬甲 雨
丙乙壬甲 金牛斗 庚甲巳戊 巳戊月辛 辛庚戊巳
工 庚甲月乙 甲戊酉丁 丁甲庚巳 辛庚乙戊
庚月辛巳 庚甲月戊 巳丙戊丁 壬辛巳亥

壯奇
丙壬乙乙
白
戊巳丙丁
丙
辛甲乙戊
壬辛乙庚

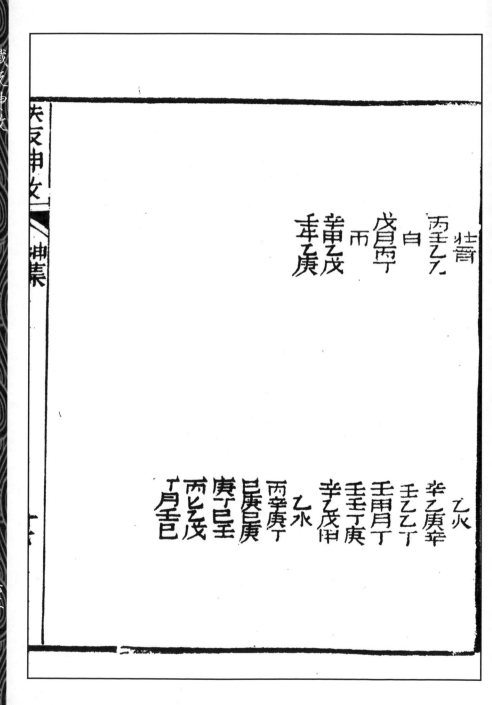

乙火
辛乙庚辛
壬乙乙丁
壬甲月丁
壬壬丁庚
辛乙戊甲
乙水
丙辛庚丁
巳庚巳庚
庚丁巳壬
丙巳乙戊
丁月壬巳

亥丁巳正卦

大有卦

丙巳月庚
匕月壬
戊丁甲申
巳巳壬
丁丁甲庚
丁丁巳戊
戊巳庚申
戊丙甲庚
巳巳壬辛
壬丙甲戊
壬庚辛戊
壬庚丁丙
庚戊甲丁
庚戊申巳

坎卦

甲丁丙巳
巳庚辛亥
丁辛壬亥
丙巳申亥
甲戊月壬
壬丁辛丁
巳戊丁丁
辛丁庚
巳壬戊亥
甲乙月申
甲匕庚巳
巳丁壬戊
丁
壬丁乙巳

莭卦

甲戊辛亥
丙丁月庚
甲戊壬辛
壬丁巳乙
戊丁巳亥
甲庚丁申
丙戊庚壬

姤卦

辛丁甲丙
丁庚乙丁
辛乙壬巳
壬庚辛戊

否

丁巳庚丁

亥辛丙亥正卦

既濟卦

丁庚匕丙
巳戊巳乙
乙乙丙辛
甲月巳辛
壬月巳申
戊乙巳庚
戊巳壬庚
甲丙七乙
巳丁乙文
丁巳丙丁
壬月庚巳
壬庚月壬
乙申匕丁
乙巳壬亥

革卦

巳戊丙丁
辛丙巳壬
辛申月申
丁庚丁戊
壬匕丙壬
甲丁巳戊
戊丁丙庚
辛月丁亥
甲匕乙戊
辛
丁丁庚巳
甲匕壬庚巳
戊壬申匕
甲丙丁丙申

豐卦

戊丙戊庚
甲乙辛丁
甲乙壬丁
甲辛月申
甲匕辛丁申
丁丁丙壬
巳辛壬壬
戊月壬乙
丙巳庚丙
丁甲丙巳
甲辛日
甲丁甲戊
戊匕申壬
巳戊丙庚

丙月庚亥 甲甲巳辛 丙丁月庚 乙甲丁乙 辛火 姤卦
巳壬乙丁 丙丁戊辛 辛丁庚巳 辛戊辛亥 辛乙壬甲 辛丁丙巳
庚乙辛戊 甲酉月甲 水 丙巳壬辛 甲庚巳辛 辛戊乙丙
甲庚巳甲 丁火 丁丁乙巳 甲乙乙丁 辛乙乙甲 丁巳戊丁
丁月壬辛 庚戊壬巳 木艮癸 斗 壬乙甲亥 甲乙壬戊
戊壬庚乙 丁甲丙乙 甲月乙戊 丙月庚丁 戊巳戊辛
丙月壬亥 壬丙庚丙 白 庚乙乙丙 辛水 丙壬甲亥
巳巳丙辛 丙月壬乙 庚巳乙庚 亡 辛丙庚辛 否卦
辛乙庚巳 甲乙丙甲 甲辛乙庚 庚乙甲戊 乾甲丁乙丁
巳壬丙乙 丁水 木 血 辛丙乙巳 姊丁戊月巳
半 戊乙乙戊 丁巳壬亥 甲月戊丙 壬七辛丁 女子戊庚乙
丙月甲丁 庚丙月壬 同人卦 甲乙辛丙 一十七辛亥 甲辛日
甲乙丁庚 乙月壬庚 甲月甲丙 半 乙甲乙亥 同人卦
丙乙丙甲 丙丁月 乙 甲乙月戊 丙亥 甲月甲辛
斗 甲巳月丙 甲辛戊壬 甲日月庚 甲乙丙乙 白
庚巳乙丁 甲辛七乙 丙乙甲丙

金斗半
庚甲戊乙
庚甲庚丙
壯斗半
丁戊壬乙
甲月甲丁
巿
乙辛戊壬
乙辛壬辛
乙辛丁丙
戊庚壬戊
壬庚辛巳
水

巳
壬戊丁壬
庚丁甲乙
甲乙月巳
甲丙丁甲巳
巳火
辛乙庚甲
壬巳甲乙
戊月乙壬
丁巳乙壬

巳水
戊丁甲丁
辛丙月巳
甲戊巳丁
乙巳乙庚
庚巳庚戊
庚壬丙辛
血
亥丁甲月庚丙

壯斗牛
丁戊乙庚
丙壬乙辛
金斗牛
庚甲壬甲
庚甲壬庚
巿
戊丁甲戊
戊丁丙亥
戊丁丙丁
戊巳甲亥
丁巳丁支
壬庚丁丁

甲丙乙支
乙巳辛乙
丙支火
甲壬乙支
戊月庚乙
戊庚壬庚
巳乙甲丙
辛乙丁甲

甲月甲庚
木
乙甲月甲
甲乙月丙
丙亥水
壬乙月丁
乙庚丙庚
丙丁乙丁
戊丙月壬
庚乙乙庚
乙巳壬戊
庚巳月巳
乙甲乙庚
庚巳巳戊
甲壬乙辛

丙甲丙正卦

明夷卦

己辛乙辛　戊乙乙丁　壬甲乙庚　甲辛乙戊　甲丁丁丙　庚戊甲庚　丁丁乙丙　庚己庚壬　辛庚甲亥　己戊壬戊　乙辛乙壬　丁丁丁甲　庚丙壬戊　戊甲丁辛

師卦

甲己庚亥　甲丙甲辛　丙庚壬辛　丙丙戊壬　壬丁丁乙　壬丁辛丁　甲丙己乙　丁庚壬戊　乙庚甲亥　甲丙壬丙　甲丙己丙　壬己庚己　丁乙庚丁　庚丙甲亥

升卦

甲壬丙辛　壬己丙辛　庚丙甲乙　丙甲甲亥　丙庚己甲　丙甲戊乙　己乙壬甲　甲乙甲己　乙甲丙庚　壬丙乙丁　甲乙庚丙　己壬辛丙　乙丙戊乙　丙丙庚甲

丙亥戊庚正卦

萃卦

甲乙庚亥　庚丙甲庚　壬甲乙亥　乙甲己亥　丁丁庚壬　丁己甲壬　壬庚己丙　庚乙丁亥　乙丙庚己　己丙甲亥　壬丙乙庚　丙壬甲辛　戊乙乙丙　庚甲乙己

大畜卦

甲辛己庚　甲甲乙丁　丁庚乙己　乙丁己甲　己辛甲乙　戊乙丁庚　丙戊乙亥　甲丙乙己　甲丙甲亥　丙己丙乙　壬乙壬辛　甲戊丙乙　甲庚戊辛　甲乙甲乙

損卦

甲乙丙辛　甲壬乙庚　丁庚丁辛　甲乙丁丁　甲庚丙丁　乙丙庚亥　庚乙庚己　戊丁丙乙　甲丙壬乙　戊丙甲己　乙乙甲乙　乙甲戊壬　戊乙壬丁　壬庚丙甲

壬乙戊乙　壬庚乙巳　壬戊辛戊　丙月戊庚　丙巳壬乙　丁月丙亥
壬乙甲丁　己戊甲丁　甲月庚　甲乙丙壬　巳丁戊壬　巳月丁戊
庚戊巳亥　庚丙壬亥　戊乙丁申　丙巳壬戊　乙月甲辛　乙甲壬丙
戊乙乙壬　甲月壬亥　戊月午丙　庚辛甲丁　乙巳丙亥　丁庚丙丁
巳丁丁庚　丁乙巳壬　丙月丙壬　辛丙甲巳　丙戊　甲丙甲亥
巳月丙亥　庚戊辛亥　庚丁戊乙　甲壬丁戊　丁辛丙戊　壬辛巳巳
壬月庚巳　庚巳丁壬　巳乙戊巳　甲丙乙丙　丁丙庚丙　丙午月巳
甲庚辛申　辛月辛辛　戊月巳巳　丁辛乙庚　巳庚戊庚　丙辛巳壬
木　丙申　庚申丁亥　丁乙乙庚　甲申庚戊　甲庚巳亥
乙丙辛亥　丁庚辛申　巳壬丙戊　壬乙庚乙　戊火　丙乙丙巳
壬戊戊巳　巳乙壬乙　甲巳丁壬　丙丁辛乙　丁乙巳戊　姤卦
白　丁月丙申　庚壬月巳　白　辛乙丁巳　乙壬庚乙
甲月丁戊　甲戊巳　姤卦　戊乙月壬　丁甲庚巳　巳庚辛戊
戊乙戊壬　丙申火　乙月庚　木　辛乙壬亥　甲辛午戊
同人卦　丁丙乙庚　巳月午戊　壬丁庚丙　戊丙午亥　辛庚月辛
甲壬申庚　丁巳乙亥　壬申午庚　丁丙乙辛　庚戊辛巳　辛丁戊丙

斗　丙巳巳甲　丁壬甲巳　同人卦　戊丙戊巳　甲丙巳甲丙
壬甲巳巳　庚乙戊巳　乙辛乙壬　甲戊甲庚　戊水　辛戊壬支
庚月丙甲　辛乙丁辛　丁丁丁甲　　庚辛月丙　否卦
皿　丁甲辛乙　丁庚甲庚　工　庚辛戊巳　辛戊庚支
甲庚月辛　丙丁辛巳　否　甲辛壬甲　戊戊丙支　庚戊巳乙
面　戊丙庚巳　辛丙辛　庚甲丁甲　巳月辛丙　甲乙丁戊
甲巳丙巳丁　丙甲水　甲庚丁巳　斗　丁庚丙辛　甲乙乙支
工　戊甲辛丙　壬辛丁壬　庚月戊甲　辛戊辛丙　丁甲乙戊
甲巳壬甲　甲丁乙乙　巳壬辛甲　皿　丙庚　甲丙巳戊
半　戊壬乙支　甲乙辛丁　庚甲乙辛　丁戊乙丁　典
甲巳甲庚　辛戊巳　丙乙火　半　戊月丁巳　丁丙丁壬
甲巳丙庚　庚丙巳　庚甲乙丙　甲巳庚　庚戊辛丁　方
方　丙庚甲支　巳庚乙乙　甲巳庚巳　丁甲巳甲　丁庚辛丁
巳戊巳巳　丙庚甲乙　丙丁庚支　面　庚火　币
典　丙　丁丙戊壬　甲丙丁辛　戊壬月庚　甲丙甲月乙
辛巳甲戊　丁乙甲丙　丁壬丙戊　　丁丁戊辛　庚甲巳支

鐵板神數　坤集

壯
丁戊巳亥
戊庚甲丁
金斗牛
庚甲乙丁
庚巳乙戊
木良屯
甲月乙戌
貴貴
甲巳乙

市
戊乙巳乙
戊巳甲乙
戊巳庚戈

壬乙巳甲
巳戊乙乙
巳壬戊丁

市
甲月丙乙
庚戊乙丙

庚子月丁
丙乙水
庚辛甲戊
巳丁庚壬
壬庚辛
庚戊丁壬
丙辛乙丙
辛支艮
壬乙庚戈

壯
丁戊巳戊
丁巳戊巳
丁辛戊丁
壯生支艮
甲壬庚甲
金斗牛
庚甲乙丁
庚甲丁辛

甲月壬乙
丙巳巳庚
庚巳庚辛
丁戊庚戈
丁庚辛乙
丁甲乙庚
市
庚乙辛乙
戊乙庚戈
庚辛乙甲
甲巳乙乙
戊乙甲庚
壬丙巳丙
乙巳丁庚

丙庚水
辛庚乙辛
壬庚乙辛
辛庚巳辛
丙乙戊巳
甲戊丁壬
甲丁庚辛
丙壬戊庚

丙戌壬乙丑卦

履卦	甲巳庚巳	辛乙己辛	丙月乙乙	戊丙辛丁	甲巳壬丙	壬丙辛丙	乙甲巳辛	乙辛甲亥	丁戊乙乙	丁巳乙丙	丁壬巳丁	丁月戊巳	甲壬乙巳	戊丙丁巳
中孚卦	乙丁壬甲	庚乙甲庚	辛戊巳丙	乙月甲庚	甲壬丁庚	己戊乙己	乙己戊亥	甲庚月戊	乙乙乙甲	甲壬巳丙	丁丁巳庚	壬甲壬丙	甲壬庚丁	甲巳庚亥
漸卦	巳甲丙丁	丁乙庚丙	巳壬乙乙	丁甲戊巳	乙乙丙丁	丙巳丁亥	壬丁戊辛	壬巳巳戊	巳辛丙辛	庚巳甲亥	丙月巳壬	丁戊巳巳	甲月丙辛	庚壬丁辛

丙戌丁巳卦

震卦	戊丙壬丁	辛丙辛辛	戊巳月丁	甲月丙壬	壬戊月巳	乙甲丙庚	巳丁乙丙	戊月庚戊	甲丙甲壬	甲巳乙巳壬	丁己巳庚	庚巳壬辛	壬月乙巳	丁巳巳壬
豫卦	甲月丙戌	甲乙壬庚	丙月巳乙	甲巳己甲	辛壬辛壬	壬甲辛壬	戊月戊亥	乙庚丙辛	戊丙月丁	丁月巳庚	己丙巳辛	甲月巳丙	甲丙巳甲	甲戊乙戊
重卦	甲乙月丁	甲乙丙甲	巳月丁甲	乙庚戊亥	乙己甲乙	壬巳戊庚	戊丙丁辛	丙辛酉己	甲月壬丁	壬巳庚壬	壬丁丁申	庚丙壬戊	壬巳巳庚	甲巳庚辛

壬乙戊丙　己壬甲戊　乙乙申　庚乙戊丙　壬乙戊庚　甲己乙
庚丙壬戊　己壬戊甲　己乙己丁　己月辛壬　丙辛丙庚　甲己乙庚
庚月丁壬　丁壬乙巳　戊乙甲辛　辛庚丁丙　壬戊戊庚　乙壬壬甲
乙月戊庚　丁丙巳丁　壬己庚戊　庚戊乙巳　丁　戊丙辛乙
丁甲日　壬丁己巳　壬丁丁丙　甲丁庚乙　丁丁壬丙　壬甲丙乙
丙乙巳戊　壬庚乙丁　戊丁丙甲　壬辛巳戊　己巳乙壬　甲丙乙壬
己丙戊巳　甲壬丁巳　丙壬乙庚　戊乙巳支　壬甲巳甲　己乙月甲
己甲丁乙　壬　辛戊甲辛　壬己甲壬　甲丙巳甲　甲壬戊丙
丙壬乙甲　乙辛壬戊　姤卦　乙巳巳壬　丁火　姤卦
甲丁丙支　甲辛丁壬　甲丁壬乙　乙庚月戊　己壬辛戊　丁戊巳甲
辛甲巳壬　庚乙乙戊　乙甲壬巳　庚辛月乙　甲丙壬丙　辛甲乙辛
乙甲戊乙　乙甲庚丁　甲辛戊巳　甲戊丙支　戊辛壬乙　辛月壬支
丙辛壬庚　壬火　辛庚丙支　甲乙丁戊　己庚辛壬　丁壬戊丙
戊庚巳丙　甲乙辛巳　甲丙丁辛丙　乙丙月壬　乙庚丙丁　乙丁乙丁
丁丁月丙　壬巳巳丙　甲丙巳庚丙　丁戊巳甲　丁辛巳丙　辛丙乙丙
壬巳戊巳　丁庚丙壬　否卦　戊甲巳乙　庚乙壬巳　甲丙巳丙

乙辛戊巳 己月巳巳 甲丁壬巳 己壬巳戊 丁水 甲丙巳丙
壬巳巳巳 庚申丙 甲辛庚甲 辛月巳丙 戊己戊巳 否
庚辛丙乙 己月壬辛 辛壬丁甲 壬乙丁乙 甲丁月甲 丙辛丙辛
庚戊乙戊 丁丙月丙 甲丙月壬 壬丁庚巳 丙壬丙乙 甲巳乙丙
庚辛巳戊 丁戊甲乙 甲丙巳庚戊 甲月辛巳 庚辛丁庚 辛丁乙壬
己戊巳庚 壬水 壯斗半 丁月庚巳 丙戊丙巳 辛巳月壬
白 丙庚戊支 丁壬辛戊 甲辛甲乙 戊庚甲巳 丙艮壬
戊丙丁壬 丙巳壬甲 丁戊甲 壬戊甲巳 己乙甲巳 甲辛己巳
戊丙壬支 庚辛壬乙 面 白 辛甲巳丁 己水
木 戊乙戊壬 甲戊月丁 戊甲巳庚 辛丙月辛 丁丙壬庚
丁巳辛戊 己巳甲巳 半 木 巳 壬巳巳乙
丁壬戊壬 壬巳壬丁 甲巳壬庚 丁巳丙辛 戊甲月壬 己月巳庚
斗 丁丁己丁 甲巳乙庚 同人卦 己辛壬丁 戊辛壬庚
庚月戊庚 庚辛壬丁 乙火 甲丙辛丙 丁丁壬戊 丙甲月乙
工 乙 丙庚壬支 甲戊巳丁 甲巳甲巳 壬丙巳壬
甲辛丙巳 丁庚戊壬 甲丙庚壬 庚巳乙乙 丙辛壬戊

庚丙月乙
市
丁丙巳辛
甲丙月丙乙
庚巳巳巳
庚壬巳申

巳壬巳巳
戊巳丙庚
甲丙丁辛申
金牛斗
庚申丙辛
庚申巳壬

丙戊巳丙
辛庚酉巳
乙丁卯丙
庚乙申辛
乙水
庚申乙壬
戊庚巳丁
丙辛申乙
戊丙庚丁
庚辛乙丁
丙巳乙乙
庚戊巳戊
庚巳丙乙
甲巳丁壬

庚巳甲巳
戊壬戊巳
乙壬巳辛
斗
甲庚申戊
甲庚酉巳
市
壬月壬巳
甲丙巳癸
庚乙庚申
庚乙乙丙
庚乙辛
庚丁壬申

巳火
丁丙辛庚
辛庚丙巳
壬丙辛庚
戊乙壬巳
壬辛丁辛
壯
丁庚甲辛
丁丁巳丙
面
甲巳戊申丁
半
甲巳丁庚
甲巳巳庚

典
乙戊乙巳
金壽牛
庚丙巳庚
庚丙申壬
秋火
壬丙辛申
方
乙壬丁丙
發貝
乙壬巳丁
工
庚丙月目

丙亥辛戌亥正卦　戊午甲丙正卦

解卦　恆卦　升卦　賁卦　姤卦　大有卦

己巳乙辛　丙月丙乙　丙月戊乙　甲巳辛亥　甲月壬酉　丙壬庚乙
丁月戊乙　庚戌乙申　丙巳戊申　乙丙壬丙　甲巳己庚　己巳辛申
丙辛午丁　庚丙戊丙　己壬辛巳　丙辛丙戊　庚巳丁庚　乙乙辛戊
庚己庚申　丁甲丁庚　甲巳丙壬　丁月辛乙　丁丁戊壬　庚月庚巳
壬戌丙子　辛申月巳　己丁辛戊　丁庚壬　甲庚月壬　丙甲壬乙
壬庚乙丙　丙甲乙丙　丁乙戊辛　壬庚辛亥　己月庚戊　甲月午壬
壬庚甲　己戌乙庚　戊子庚申　壬巳壬申　己壬庚巳　甲乙庚巳非
丁戌壬申　乙戌庚壬　壬乙丙子　乙戌丁巳　己乙丙庚　甲己甲戊
甲辛午壬　乙乙辛庚　甲巳乙巳　丁辛巳　壬庚甲辛　甲壬乙丙
壬巳丁丁　甲月乙庚　甲壬戊乙　壬月戊庚　甲辛午丁　壬辛戊子
壬乙丁丙　庚月庚戌　戊巳辛巳　乙己戊子　己丙辛壬　丁甲己乙
乙戌庚申　甲月午巳　戊庚乙巳　戊巳巳丙　丙甲辛乙　甲丙壬辛
乙丁乙壬　甲丁戊壬　甲巳月乙　壬月丙戊　庚壬辰亥　甲丙子丁非
壬丙午乙　甲巳辰辛　甲壬戊壬　庚月甲戊　乙戊巳申　乙乙辰庚

鐵板神數　坤集　三

庚己甲戊 己丁月戊 丙月乙戊 甲丙月乇 庚甲庚亥 壬丙壬寅
甲月庚巳 甲辛己丁 丙庚壬 壬申巳亥 庚月甲辛 壬巳申戊
丁辛丁己 甲丙月辛 戊酉己丙 壬月乙乙 甲月丁申 壬乙丁寅
壬戌乙庚 乙乙乙丙 己丙庚申 丙丁庚辛 戊巳丁乙 丙戊乙乙
甲壬辰戊 壬丁申壬 甲丁辛巳 壬午辰午 丁月戊丁 己丁庚申
丙丁己亥 甲戊庚辛 甲酉甲巳 戊丁戊辛 己戊丁庚 甲丁壬申
己戊辛丙 半 壬辛巳丙 壬月巳亥 甲戊巳巳 甲己亥亥
庚辛庚丁 甲月戊亥 姤卦 巳巳丁戊 甲 姤卦
甲己巳庚 甲巳巳申 壬戌丙丁 壬巳巳壬 己乙乙丙 壬月丁丙
丁乙乙巳 戊壬申戊 辛巳巳辛 丁壬酉巳 戊辛乙乙 辛申庚亥
壬巳月辛 丁丁乙戊 辛月申亥 庚乙乙辛 丙月己丙 乙壬戌丁
壬甲戊乙 辛火 辛巳庚壬 戊庚月戊 甲酉巳申 辛壬庚巳
壬丁辛己 丁丙月巳 丁乙乙辛 丁戊丁壬 甲火 甲月辛寅
白 庚巳巳乙 甲酉巳寅 庚乙辛亥 丙丁壬巳 甲辛月丙
甲壬辛乙 辛庚辰申 辛申丁己 庚丙甲丁 己戊戊巳 否
丁戊巳壬 乙丙丁申 否 壬丁庚亥 甲丁丙戊 己月己戊

木 辛庚甲 己巳丙乙 乙甲丙丁 甲丙月丙 甲戊巳巳
丙辛庚戊 辛庚戊丙 己庚丁 丙乙丙乙 甲戊丁丙 庚月庚巳
司八卦 甲庚乙巳 辛丙辛巳 乙巳戊丁 丙戊甲巳 辛庚月甲
壬乙月 己巳月壬 戊庚月甲 乙巳庚乙 壬巳月丁 辛巳甲壬
斗 兼 辛巳甲丙 甲巳壬丁 庚戊辛巳 甲巳戊亥
丙巳戊巳 戊巳月甲 戊亥火 庚巳戊亥 乙辛丁壬 同八卦
面 丙乙丁壬 甲戊庚甲 乙月丙戊 甲水
甲巳戊丙丁 乙丙丁壬 戊丙甲戊 己乙月丁 丁戊辛庚
工 庚戊甲戊 丙壬月辛 乙月丙亥
甲巳丁乙 甲丙巳丁 甲月丙甲 乙甲辛戊 甲壬丙亥
庚丙戊辛 辛甲庚辛 戊甲辛壬 己戊丁戊 辛丙庚丁 金半
四 壬巳庚亥 壬庚乙丁 甲月巳壬 丁甲戊庚 七斗 庚酉巳庚
甲辛庚丁 庚巳壬戊 巳丁 己月戊甲 辛甲酉壬 半 庚丙丁亥
半 戊亥水 壬巳丙庚 丙丁庚巳 元
甲巳辛庚 己丙月戊 壬巳庚乙 甲乙乙巳 丙 戊月甲亥
甲辛月庚 甲丁丁甲 庚巳甲庚 庚月戊丁 丁甲丁巳 工

鐵板神數 坤集

金斗　甲辛甲壬　壬巳乙　丙壬壬　甲戌丙　甲壬甲丙
庚丙壬巳　甲酉辰寅　壬辛巳寅　白　甲子辛亥　皿
庚丙寅寅　壯　壬巳辛乙　丙寅戊丙　丙戌甲寅　庚丙乙亥
秋火　丁庚午寅　甲乙乙庚　丁甲巳戌　甲巳壬寅　半
壬寅壬戌　乙巳辛寅　丙丁辰戌　木　丙火　甲辛寅庚
甲辰戊壬　丙壬壬丙　庚申戌寅　丁丙丁辛　甲辰寅庚
乙丙戌乙　元　壬戌巳庚　斗　庚申丙寅　丙水
市　庚子甲辛　典　丙乙酉壬　丁戌月乙　丁丙巳壬
壬寅乙壬　丙巳戌丁　乙乙辛巳　丙丁丙戌　庚子壬丙　丁甲丁乙
庚丁乙丁　方　市　戊寅戌亥　丙甲月庚
甲酉巳子　乙巳乙辛　甲辛庚子　戊辛壬辛　庚辛丙壬
甲丙巳戌　己巳丙壬　方　丙巳丙辛
甲酉己亥　己壬甲丙　乙巳巳巳　丁戌丙戌
甲丙辛亥　戊乙戊乙
壬巳丁戌　乙戌庚乙

戊癸戊庚正卦

戊亥壬乙正卦

蠱卦	隨卦	巽卦	小畜卦	家人卦	益卦
丙月壬丁	壬戊乙戊	甲丁壬	壬丙戊巳	甲乙丁辛	甲辛月丁
壬辛巳丙	戊巳月巳	甲巳辛巳	庚壬戊巳	甲乙辛戊	甲巳壬辛
甲乙庚亥	丁丁壬甲	壬辛戊辛	甲巳壬丁	庚丙戊壬	壬月丙甲
庚壬丙壬	巳月丁乙	巳月戊壬	甲巳乙丁	甲巳壬巳	乙丙巳乙
戊月壬丁	甲戊月丁	甲戊乙壬	丁丙辛丁	甲庚巳亥	戊丁巳戊
巳丁丁辛	丁甲月巳	丙月乙甲	壬庚壬甲	丁丙巳庚	丁庚甲巳
庚丁乙乙	壬戊甲乙	甲巳巳壬	壬月辛甲	甲月巳丁	戊申辛丁
戊月戊辛	乙巳丙庚	丙月戊巳	巳甲辛甲	丁辛戊丙	丁庚戊甲
戊乙乙丁	丙庚丁辛	壬戊巳辛	乙丁巳	巳壬甲巳	戊乙巳戊
壬月丁辛	甲月庚亥	丁乙壬丁	甲丙戊辛	壬丁丙庚	壬丁辛庚
壬月壬甲	甲丙庚庚	丙甲巳壬	丙丁庚巳	戊月丁甲	乙巳巳戊
月戊甲亥	壬巳戊甲	乙甲戊丁	壬月戊乙	庚戊壬戊	甲月丙戊
巳丁乙乙	辛庚辛巳	丙巳巳丙	甲丙月壬	丙月巳甲	甲庚乙壬
丁月辛巳	巳壬戊巳	己辛丙亥	巳丁巳	庚辛壬戊	丙乙甲乙

丁庚巳申　丁甲辛亥　甲庚子丙　庚乙丁庚　丁甲巳巳　丙子辛戊

乙庚辰亥　甲月丁亥　戊戊乙庚　壬庚丁辛　壬乙巳丙　壬戌子巳

乙壬辰庚　甲丙辰戊　庚戌庚子　庚戌月乙　壬　甲戌子亥

壬甲庚子丁　甲乙丙戌　庚丙庚戌　丙庚申辛　丁壬乙丁　甲戌辰丙

戊丙月巳　戊戊　甲乙丁亥　乙壬月巳　甲子申亥　庚月申壬

戊乙月戊　丁乙庚戌　甲申丙亥　甲戌辛乙　庚丙丁辛　丁庚子子

甲戌申子丁　己辛庚丙　旃鄞　己月丁丁　丁乙辛乙　己巳辰丁

庚子辰申　庚壬巳辛　丁丙戌乙　丁申月壬　壬火　旃鄞

甲壬月壬　己亥月丁　甲丁庚丙　戊寅壬巳　甲巳丙亥　戊庚巳巳

甲月丁丁　戊火　辛乙甲巳　己壬月辛　壬乙乙亥　乙乙亥甫

乙丁庚丁　丙月亥亥　辛子庚申　辛子戌申　己月乙亥　辛戊丁申

辛乙月丁　辛庚亥亥　甲巳壬辛　己壬戌庚　丁丙辛乙　丁辛辰子

甲辛巳乙　甲月巳丁　甲丙亥丙　庚辛子巳　庚巳乙乙　己乙丙申

壬巳乙乙　丙巳乙庚　戊壬辰辛　庚壬辛申　乙亥　丁戌丙壬

庚子巳乙　丁巳乙壬　丙酉　壬辛辰辛　庚申戌申　丁戌丙庚

壬申壬庚　己月巳丁　辛亥丁申　甲巳巳戊　庚子丙庚　酉

丁戊丁庚 丁甲庚壬 丙辛巳亥 丙子丙申亥 壬水 丁庚甲巳
辛丙子壬 戊水 丙丁乙亥 戊丙乙庚 戊乙月庚 辛丙巳亥
甲丙庚申 庚申戊庚 丁庚巳乙 乙庚壬酉 辛酉戊亥 甲丁乙壬
戊丙甲乙 戊辛庚辛 乙戊辛申 丁壬辛 丁月壬戌 丁丙丁丁
戊丙丙庚 丙月庚丙 大壯 甲月乙乙 辛壬丁亥 丁酉巳申
戊庚乙丁 丙巳巳亥 甲乙巳辛 戊申甲庚乙 庚申乙壬 同人卦
丁巳戊丙 乙庚申戊 甲巳巳丙 壬月庚申 壬戊巳亥 巳巳壬巳
丙巳申甲 戊辛庚丁 丁壬丙乙 壬月庚戊 丁甲丁丙
庚戊乙乙 戊申月戊 金半斗 丁戊巳辛 乙 致
庚壬丙亥 丙申丁亥 庚戊月辛 丁巳丁巳 庚申巳壬 丁酉丁戊
庚壬丙丁 戊庚 庚戊月壬 乙甲辛乙 丁丙乙乙 秋火
庚丁壬辛 巳丙辛巳 半 甲巳甲丙 巳辛庚巳 壬庚巳庚
壬巳辛庚 甲巳月申 甲巳辛庚 目 丁壬乙壬 半
白 戊辛巳丙 甲巳辛庚 丁丁酉辛 乙火 甲辛壬庚
丁乙辛亥 庚巳酉巳 面 木 戊丁庚亥 甲辛乙庚
庚丁戊巳 甲戊庚丁 辛丁戊 巳乙丁乙

木	庚火	庚水	血	甲丙丁申	金辛丑
辛酉月戊	巳申月戊	丁甲壬丁	庚戊甲巳	庚壬甲庚	庚戊巳甲
工	丙乙甲戊	壬戊辛亥	面	丁申巳辛	庚戊戊辛
庚丙辛庚	戊丁辛巳	丙巳甲庚	甲巳癸丁	庚巳辛巳	畢
斗	甲乙戊乙	戊己庚辛	斗	庚丁戊亥	甲星乙丙
丙巳丁丙	甲壬月	丁庚戊丙	甲巳月辛	戊巳月壬	甲星丁丙
四	戊甲丙庚	丙甲己壬	丙丙辛亥	丁月丙乙	乙水
甲乙辛乙	乙丙甲庚	丙甲巳庚	工	甲月壬巳	丙巳乙己
庚丙辛丙	庚辛巳丁		甲巳壬乙	甲丙丁乙	巳庚辛庚
元	庚丁庚丁	市	庚戊甲乙	市	丙巳申辛
庚巳壬庚		辛申巳戊	壮	辛申壬戊	壬申乙庚
秋火		辛申丙戊	丁壬丙亥	辛申戊巳	乙辛月庚
辛丙乙丁		辛丙庚丙	巳巳丙亥	丙辛庚乙	乙庚巳寅
		辛丙壬戊	巳乙丁辛	甲月壬巳	
		戊巳庚丁		甲乙壬乙	

戊亥子巳正卦

戊辛庚亥正卦

兌卦	乙戊庚丁	乙月戊乙	己辛巳乙	丙月乙壬	甲月丁己	甲七月乙	庚巳庚丁	壬巳甲乙	庚七辛甲	庚戊酉巳	壬甲庚辛	壬月壬戊	壬庚巳丁	庚辛壬甲
噬嗑卦	丙月壬戊	己丙戊庚	己壬辛庚	丁甲丙丁	己月壬戊	乙月壬辛	戊巳月甲	甲月戊甲	壬甲乙辛	壬月庚庚	甲丁甲乙	丙巳巳戊	壬巳丙乙	丙戊庚巳
頤卦	己甲戊甲	甲甲庚巳	壬庚甲丙	庚丁辛甲	甲庚巳戊	乙甲乙巳	戊壬七戊	己丙壬巳	己壬丁戊	丁己壬戊	丙月辛壬	甲乙巳丙	戊巳壬戊	己壬甲甲
大過卦	甲丙巳辛	甲巳甲亥	丁丁丁辛	壬月甲丙	壬七乙亥	乙丙壬巳	乙甲丙巳	壬甲辛乙	甲巳壬丁	甲辛戊巳	庚巳丁乙	乙戊壬辛	甲甲甲亥	甲月丁丙
咸卦	丙辛庚壬	庚巳丁亥	辛月巳辛	乙丙辛巳	戊辛庚庚	戊甲戊壬	庚丙戊巳	戊甲丙乙	庚七丁巳	乙月巳乙	甲辛壬壬	甲丁庚戊	甲丁巳丙	甲巳壬庚
遯卦	丙巳辛巳	乙月庚丙	壬壬巳丁	甲巳辛甲	戊甲乙丁	己月庚巳	己月壬庚	己丙戊巳	甲庚甲巳	丙巳巳甲	壬庚丁乙	壬庚月丙	丙辛戊巳	甲巳庚壬

庚辛甲乙	丁	丙庚甲乙	庚辛丙亥	乙辛甲乙	丙庚丁亥
己辛庚亥	壬甲酉巳	戊乙酉巳	庚丁庚丙	庚戊丙亥	己壬七乙
庚甲丁甲	甲辛甲甲	丁乙丁亥	乙甲丁辛	庚辛丁亥	戊甲戊丁
壬甲庚辛	戊乙乙庚	丙甲巳乙	乙巳甲丙	辛	己戊丁巳
壬甲丁亥	庚丁甲庚	姤卦	庚巳丁丙	丁壬辛庚	庚丙辰戊
壬甲丁壬	丁火	辛庚辛巳	甲庚戊巳	己乙辛辛	姤卦
甲丁辛辛	庚丁戊巳	甲甲丁巳	巳丁庚丙	壬巳乙壬	甲辛戊乙
丁辛甲甲	丁戊辛丁	戊辛戊八	乙乙巳甲	甲辛辛甲	甲甲丁丙
壬甲巳丙	乙丁辛壬	丁辛丁乙	壬丁巳壬	辛火	丁巳庚丙
丁壬巳乙	丁甲巳辛	丙甲巳巳	己乙巳乙	巳乙巳亥	乙乙巳甲
丙庚丁丁	庚甲戊巳	甲辛辛丙	丁丙壬丙	庚戊巳甲	壬甲丁丁
乙甲戊巳	庚辛辛庚	甲辛乙丙	庚乙戊壬	庚甲甲丁	乙巳甲丙
乙丙壬戊	丙庚甲辛	否卦	庚丁丁亥	戊辛丁壬	丁乙壬庚
辛丁壬丁	丁水	辛丙巳丙	庚乙壬甲	庚丁庚巳	甲辛甲丙
丁辛丁乙	甲巳壬戊	甲巳辛亥	丁巳庚丙	丁丁巳甲	甲辛巳丙
甲戊酉壬	壬巳乙甲	甲巳戊壬	己乙乙庚	己壬戊壬	否卦

庚甲巳 丙戊巳巳 甲辛壬亥 壬月丙巳 辛水 辛丁戊乙
甲巳乙庚 戊巳甲壬 丙月辛壬 辛乙巳丙 丁巳戊庚 壬庚丁乙
庚乙戊丁 庚月巳庚 辛戊壬戊 戊丙丁乙 乙丙辛壬 甲巳丁庚
甲壬巳丁 甲丁庚甲 甲丁甲壬 壬月壬丁 丙庚巳甲 辛庚丙戊
巳甲巳巳 壬丙乙丁 同八卦 乙丙月庚 甲丁巳亥 丙丁丙巳
巳巳壬巳 庚甲巳庚 庚月乙庚 巳丁丙巳 壬巳辛丙 同八卦
甲月壬乙 丙乙庚乙 巳壬巳乙 丁甲丁甲 乙丙乙辛 乙甲月戊
戊丙辛甲 巳 甲戊丁庚 壬丙甲丁 乙甲庚辛 甲月辛丙
己壬乙辛 戊巳丁丙 血 白 庚亥 致
乙丙庚乙 甲巳壬丙甲 庚戊庚丙 辛月丙壬 丁月乙辛 丁庚巳乙
丁月巳乙 丙壬月甲 面 斗 甲巳戊甲 元
丁丁辛壬 壬巳甲 甲辰乙丁 甲壬巳 乙丁月巳 壬乙丁戊
日 丁壬月甲 秋火 丙乙戊亥 甲酉巳 半
丁巳月丙 巳火 辛壬巳丁 工 庚亥火 巳辛巳庚
斗 丁巳丙巳 典 甲巳巳 丁丙月 甲月庚
庚月戊巳 乙巳庚戊 甲巳亥 乙辛乙丁

工 庚乙寅丙 半 皿 甲月戌寅 大壯

甲巳甲巳 乙辛巳辛 甲辛子庚 庚戌子庚 庚甲辛巳 丙午寅壬

艮半斗 庚丙子庚 甲午巳庚 面 巳壬丙丁 巳月辛

甲月壬丙 庚壬戌亥 壯 甲辰巳丁 庚亥水 巳丁壬巳

甲月壬辛丙 巳水 丁壬乙亥 市 丙巳乙寅 丁壬丁亥

戊乙丁乙 庚寅乙乙 巳辛月 庚辛壬辛 丙寅乙庚 金半斗

戊庚甲壬 巳戌寅巳 巳巳壬丙 甲丙庚辛 甲丙巳丙 庚戌巳乙

甲月丁丑 庚巳甲巳 金半斗 乙戌壬戌 壬丙丁寅 庚戌辛丙

辛巳庚巳 壬申巳辛 庚戌庚丁 甲巳壬乙 甲巳壬乙亥 日半斗

辛巳丙戌 壬丁壬丁 庚戌壬亥 辛乙甲辛 丁巳巳寅 甲乙月丙

甲丙庚戌 辛戌乙丁 乾金金屯 壬巳丁亥 丙戌辛寅 甲巳甲丙

甲甲甲乙 男丁辛 甲月戊庚 戊辛庚戌

辛壬巳壬 元 丁甲庚寅

庚丁月丙

丙巳乙壬

庚亥酉丙正卦

離卦

乙戊丁申 丁甲庚丁 壬丙乙甬 甲月甲支 壬辛丙支 壬壬庚丁 壬庚戊乙 丁月辛丙 酉巳乙乙 庚丁庚支 巳丁巳乙 巳月乙壬 戊辛甲丙 壬月丁庚

鼎卦

辛戊巳丙 丙壬丙丁 丙庚乙支 庚巳丁壬 甲庚甲辛 戊庚甲乙 丙乙丁庚 戊庚酉丙 戊月乙壬 丁戊月辛 戊酉七乙 丁丁甲丙 壬辛庚巳 巳丙乙辛

蒙卦

甲巳甲庚 甲壬丁支 甲戊月戊 乙庚辛乙 庚戊庚辛 乙月辰 丙甲庚丁 乙戊甲乙 乙戊丁戊 甲巳壬庚 乙庚丁甬 壬丙壬丙 甲庚丁庚 丙辛甲丙

庚支戊庚正卦

益卦

甲月丙丁 庚巳日 庚月甲丙 甲辛巳丙 庚戊甲辛 甲月甬 庚甬丁巳 戊乙戊巳 戊丙月庚 壬月丙丁 丁壬月丁 壬月戊辛 巳乙乙乙 巳月甲壬

訟卦

甲壬庚辛 戊辛壬巳 乙丙乙乙 甲月乙甲 庚月甲巳 甲巳月戊 庚壬乙壬 甲戊辛壬 乙乙月丁 乙甲壬丁 壬戊甲庚 丙月丙庚 戊 丁丁丁壬

同人卦

甲巳乙支 丙壬巳戊 乙戊丙甬 戊丙庚乙 壬庚辛庚 庚丙甲丙 甲戊甲丙 戊甲乙戊 甲月乙乙 丁乙乙丙 庚壬戊甬 庚辛庚甬 壬戊乙壬 乙戊壬巳

戊甲庚巳　丙甲戊巳　戊辛丙支　乙辛巳乙　甲戌丙申　甲戌申辛
壬月壬乙　乙壬辛壬　巳壬甲乙　乙壬丁巳　巳申乙庚　巳丁巳支
壬巳丙乙　甲丁戊乙　戊月丁戊　乙乙巳乙　乙壬申辛　辛月申丙
壬月乙庚　甲　丙庚辛戊　乙巳丙戊　丁庚月丙　丙日壬乙
庚戊庚戊　丁巳辛丙　壬月巳巳　丙戊申戊　戊火　甲乙庚申
巳乙乙支　甲巳巳支　壬庚辛丙　丙壬壬巳　庚戊丁申　姤卦
乙戊乙辛　壬乙壬丙　妹卦　庚丁辛支　丙巳月戊　巳乙丙丁
丙辛巳庚　男丙辛庚申　丁月庚戊　庚申巳丙　庚巳丁戊　丙乙丁丁
庚辛巳乙　甲火　乙庚丙支　壬月戊丙　丁乙月丙　壬月戊丙
乙庚丙支　甲乙庚丙　甲月乙壬　庚壬丁壬　戊壬庚申　戊乙乙乙
丁巳月乙　辛庚丁申　戊丙丁丙　壬申丁戊　壬乙申巳　庚巳月
乙申丁丁　戊丙月申　庚月巳申　甲乙戊丙　庚月丁戊　甲辛丁支
壬乙壬申　乙辛壬乙　男丙辛丙　丁庚戊戊　戊水　否
壬丁庚巳　戊乙壬　庚辛巳　巳戊巳戊　丁甲巳丁　辛丙丁丙
壬月戊巳　甲水　否　戊月巳庚　巳戊丙巳　庚丙男丙
巳乙酉巳　丙丁巳壬　乙月月丙　丙巳乙丁　甲乙辛申　丁庚乙壬

巳乙乙丁　巳壬乙丁　甲戌巳　丁戊月庚　甲丁丙丁　巳甲丙壬
巳乙月辛　庚戊乙庚　壬丙辛戌　巳七辛丙　甲丁丙甲　同人卦
壬丙乙乙　庚丙庚巳　乙戊辛巳　巳壬丙亥　辛庚丁辛　戊月庚三
庚辛戊丙　庚巳月乙　辛庚戊甲　白　庚　戊庚丙辛
甲巳甲辛　丙七乙亥　同人卦　辛月戊亥　甲丁壬丁　丁丁乙乙
庚戊乙亥　丙　乙甲丙巳　木　甲辰庚甲　甲庚壬丁
庚壬庚丁　丁乙壬七　丙巳辛壬　甲戊巳　壬戊甲丙　致
甲月辛　甲巳丙亥　甲月丁巳　工　丁乙巳乙　丁乙丁丁
甲七七丙　甲乙乙丙　壬七巳庚　庚巳丙壬　庚火　甲丙巳壬
丙月丙丁　甲丙辛甲　致　四　庚月巳七　戊月庚丙
庚七辛丁　丙火　丁乙甲巳　庚七丙戊　庚辛巳亥　市
巳七辛壬　丙乙月辛　秋火　面　丁月乙丙　乙巳甲壬
庚丙壬丁　乙甲巳丙　甲月戊乙　甲戊辛　丙辛壬巳　乙乙乙亥
壬丙庚　丙壬月乙　壮牛　牛　甲丁丁巳　甲丁巳七
白　壬庚壬七　丁壬丁辛　甲月戊庚　庚甲亥　丙辛乙辛
甲庚辛庚　戊甲辛庚　甲月庚巳　庚水

巳七七壬　戊辛乙甲　方　秋火　戊丁丁乙　辛巳壬甲

木　辛庚巳乙　丁丁辛壬　甲月乙巳　乙月丁丙

甲乙戊壬　戊乙乙甲　血　金午半　戊巳壬支

半　丙水　庚乙月丙　庚乙丙丁　丁庚壬甲

甲丙月庚　甲巳丙乙　金十半　庚乙戊甲　戊月戊甲

甲丙月丁巳　丁壬丙丁　庚七甲支　壯　丙乙丁巳

斗　庚月巳壬　庚乙甲丙　丁乙月甲　丙乙壬丁

甲巳乙戊　庚乙丙支　币　甲壬庚乙　艮半斗

工　乙乙丙壬　甲乙乙甲　丁丁丁庚　戊巳甲丁

庚七月壬　戊甲丙甲　壬巳庚甲　巳壬戊辛　戊辛巳丁

面　甲庚丙戊　甲巳月庚乙　甲月乙巳辛

甲乙戊巳丁　辛庚辛戊　甲月乙辛乙

辛乙壬乙

丙巳月丙

庚亥乙巳正卦

坤卦 正卦 大壯卦 夬卦

甲丁乙庚 庚壬戊乙 甲丁辛庚 庚壬丁戊 辛乙辛巳 戊丁月辛
乙丙巳巳 戊壬庚六 乙甲巳壬 甲丙庚亥 甲月乙壬巳 丙戊丁三
壬乙戊巳 丙甲庚丙 乙丁辰戊 庚辛巳壬 甲丁月戊 丙月巳戊
丙戊庚戊 甲月巳乙 壬月壬巳 壬丁壬戊 甲庚月巳 壬月戊亥
甲巳乙辛 庚戊月甲 甲壬月戊 乙甲戊亥 庚辛壬巳 甲庚巳戊
丙甲壬亥 甲月壬甲 壬巳庚乙 甲庚甲戊 甲庚月甲 乙甲辛巳
壬巳甲丙 戊甲丙巳 丁巳月丁 甲月辛亥 甲丙戊甲 甲戊壬巳
乙月月乙 戊巳辛丙 丙乙庚巳 壬月戊壬 壬甲月甲 庚戊丙丁
庚巳壬甲 丙月丙戊 甲丙辛戊 巳月巳乙 壬甲丙甲 庚月壬亥
壬庚戊丁 甲辛乙庚 甲乙庚乙 乙甲丁壬 巳壬丁庚 甲戊庚亥
乙月甲乙 乙丁戊六 巳丁月 甲巳壬庚辛 庚甲丁戊 辛月辛甲
壬丁丑巳 乙壬巳巳 丙巳丁甲 庚壬巳乙 丁 丙甲乙巳
乙巳巳辛 丁戊丙巳 庚月月壬 庚辛庚戊 丁辛甲戊 壬壬月丙
乙甲乙戊 壬辛丙丁 甲丙巳辛 丁壬壬甲 丁甲乙乙 壬丙丁庚

庚亥丁巳正卦

甲庚壬辛 甲午乙甲 甲庚乙辛 己辛乙壬 丁甲丙庚 壬丁辛亥
庚丙巳乙 乙月壬丁 壬 庚甲壬辛 丁辛乙甲 庚月壬丙
丁辛丁丙 丙月月壬 丁戊月壬 甲乙戊辛 丁火 壬丙戊壬
庚月丙乙 庚巳壬丁 壬甲壬甲 戊巳庚壬 丙乙甲壬 己甲辛巳
乙丙乙丙 己壬月丙 庚辛庚壬 戊辛丙庚 丁甲月辛 壬甲壬乙
乙壬巳壬 姤卦 己辛甲亥 乙乙戊辛 壬月辛戊 甲戊丙戊
庚壬甲乙 壬丁日 壬火 丁乙庚乙 甲月巳甲 姤卦
庚丁月乙 丁月丁乙 丙丁庚壬 己壬丙壬 丙庚壬甲 丁巳辛丁
庚月巳丁 庚巳壬丙 辛丙丁己 己巳丁辛 乙辛壬丙 辛庚乙丙
甲壬辛乙 辛庚巳丙 丁丙庚丁 丁甲巳亥 庚壬甲辛 丁辛庚巳
乙丙庚壬 壬巳庚辛 丁戊丁亥 庚甲丙丁 丁水 乙丙戊巳
庚巳壬丙 壬丁戊甲 庚乙壬巳 月壬乙戊 丁壬巳乙 辛乙辛巳
丁乙壬亥 丁月壬甲 壬水 壬月丁甲 丙丁丙巳 乙甲丁壬
丁乙丙甲 戊甲月巳 丙巳辛庚 丁戊壬丙 壬庚甲亥 壬乙巳壬
庚辛乙辛 戊巳庚戊 甲乙戊巳 乙丙壬甲 乙巳月丙 甲丙巳丙
庚辛月丁 甲丙巳丁丙 甲壬月丁 壬甲丙戊 甲月辛巳 丁月巳庚

己丙甲辛 甲己壬丙 壬丁庚乙 曰 巳 否
甲己甲壬 否 丙庚丙乙 甲壬丙乙 戊甲丙辛 壬丙丁戊
丙壬丁亥 己庚乙丙 丁丙甲辛 辛戊己丁 壬甲戊庚 丁丙壬庚
庚丁丙辛 庚己丙丁 己戊庚壬 半 戊己巳戊 甲壬乙丙
壬丙戊巳 乙辛庚丁 丁丁辛丙 甲丙丁庚 壬巳乙丙 壬丙戊壬
庚甲丙己 乙丁丙壬 同人卦 甲丙己庚 己火 甲丙壬巳
丙庚辛己 辛戊丁亥 甲己壬亥 皿 丙乙丙戊 辛戊己亥
壬乙庚戊 辛壬丙甲 庚丁丙壬 庚巳丁甲 丁辛丙 壬
戊巳庚壬 乙 丁戊乙辛 丁 庚丙丁甲 壬巳戊亥
庚乙己壬 丁己丙庚 丙丁丙亥 庚巳己庚 庚辛丙辛 同人卦
元 甲庚丙甲 丁庚巳壬 金辛丁 己水 庚乙甲丁
乙壬巳戊 乙丁丙亥 甲壬巳庚 庚巳辛庚 丙甲乙戊 甲丙丁庚
丁甲丁亥 庚丁戊丙 教 庚壬乙甲 甲壬壬乙 戊庚乙辛
己庚丙乙 乙火 丁丁丙庚 大壯 己丁壬亥 壬庚甲壬
白 丁己甲巳 秋火 己戊丁乙 丙巳日 致
甲乙丁丙 辛壬丙亥 甲巳壬巳 己戊巳辛 丁丁丁丁

艮斗半
戊壬月丁
戊辛丁戊
甲月丁辛
甲丁甲辛
皿
庚乙乙甲
工
庚乙乙壬
半
甲丙甲壬庚
甲丙月乙庚
金斗半
庚乙壬支
庚乙壬乙

甲丁丁甲
辛壬月己
丁月丁甲
庚乙甲壬
乙水
丙壬甲
丁壬庚丙
甲乙庚戊
戊月壬庚
丁甲乙己
戊壬辛丙
己月辛丙
典
甲月乙辛

大壯
戊甲丙己
甲庚辛己
己庚壬辛
己庚丙戊
丁乙甲戊
市
己丙癸
辛丁乙
辛乙甲丙
甲丙辛己
甲丙辛乙

皿
甲壬月甲
方
甲辛丙戊
市
甲丙月戊乙
丁己甲己
辛壬丁乙
辛戊乙乙
辛乙庚丙

元
壬甲丙壬
己月丙戊
艮牛
甲丁丙辛
甲月丁戊辛
秋火
戊乙丙辛

庚亥辛壬亥正卦

大壯

壬庚壬乙　丁丙巳巳　甲丁丁亥　壬丁申丙　巳辛庚甲　壬巳丙丁　壬申乙辛　甲巳丙戊　乙庚申甲　辛壬丁丁　辛戌甲丁　甲寅庚酉　甲寅戊辛　壬戌壬戌

夬卦

甲巳壬丙　辛丙申壬　甲乙申戊　戊巳巳丙　辛壬巳甲　甲丁壬庚　戊辛巳庚　庚壬丁亥　甲巳庚甲　甲乙甲亥　丁甲巳乙　乙乙巳戊　壬戊巳丁

需卦

壬戊壬酉　甲辛乙丁　丙甲巳乙　丙申巳戊　甲庚戊壬　甲乙丙亥　庚甲丁庚　庚丙庚壬　丙辛丙乙　巳辛巳乙　庚巳丙甲　庚丁巳丙　壬乙丙甲　戊壬丙辛

壬亥甲丙正卦

比卦

壬丁申辛　壬庚申戊　壬巳巳丙　庚申丁丁　庚戊丙巳　庚丁巳壬　壬申庚亥　甲丙庚酉　甲巳丁巳　壬丙甲庚　壬丁丙亥　壬巳乙亥　壬申壬庚　丁甲巳亥

兌卦

甲乙辛巳　壬庚巳亥　壬乙丙辛　壬巳戊巳　乙丁辛巳　巳辛丁丁　庚酉申丙　戊壬乙庚　丙巳壬巳　甲丙壬乙　甲辛壬辛　庚申辛庚　壬申巳丙　壬丙辛巳

困卦

辛庚戊酉　壬丙庚辛　丙申丙申　庚辛申甲　戊丙申乙　辛申庚申　巳庚乙申　巳巳申丙　丙申申申　甲申壬庚　丙巳戊申

姤卦

辛丙壬丁　庚壬戊酉

壬寅辰戊　辛　甲丙申乙　丁乙巳丙　甲辛戊寅　壬申乙丁

戊申庚巳　丁巳甲亥　己申壬辛　丁巳己乙　丙寅戊巳　丁巳庚亥

乙丙乙申　己巳丙申　戊月庚子　甲申壬壬　乙巳月寅　乙巳丁壬

丁丙丁申　丁丁壬巳　甲戊丙寅　壬申月辛　甲巳乙丙　甲丙辛戊丙

庚巳乙亥　丙巳壬巳　婚對　丁巳丁丙　丙　甲丙辛庚丙

乙巳辛壬　亥火　壬戊戊子丁　庚乙月乙　丁乙戊亥　否

壬丁甲戊　丙乙壬辛　壬丁月丙　庚戊巳丁　己戊壬乙　庚壬寅

甲巳戊亥　己乙丙巳　辛丁甲亥　丙辛巳辛　甲乙戊亥　戊子乙乙

丙乙巳巳　甲辛丙　辛丁戊亥　甲月辛巳　甲丙巳巳　甲丙巳亥

壬戊巳申　戊壬丁亥　壬戊巳申　己壬辛巳　丙火　同斜

巳丁庚戊　巳壬乙亥　甲丙辛巳　壬乙庚壬　壬丁壬庚　戊丁辛申

乙申辰戊　辛水　壬丙辛壬　己乙戊丙　辛壬丙辛　壬巳乙乙

丁戊巳巳　丙巳月寅　否　甲月戊巳　甲戊乙丁　甲戊庚戊

壬申乙巳　甲壬戊辛　丙壬寅申　壬申乙丁　丁巳戊亥　庚巳乙壬

丁丙戊申　甲辛月庚　壬戊丁子　壬辛巳寅　戊乙壬巳　乙月乙巳

巳巳庚丁　乙巳庚申　辛庚壬申　丙戊申壬　丙水　庚壬巳戊

壬辛申巳　壬乙辛申　戊辛酉　東艮　甲乙丁甲　甲丁戊巳
丙月乙丁　丁丁辛戊　辛申乙乙　乙乙丁申　壬申壬丁　典
戊庚辛申　壬　同人卦　甲月丙巳　甲月丙乙　乙丁戊辛
壬巳月丁　巳壬壬亥　乙戊巳乙　金牛斗　庚巳月辛　力
壬乙巳乙　巳辛戊酉　戊丙壬乙　庚壬乙丁　丙戊庚丙　丁辛庚辛
青月甲巳　丁巳甲丁　甲丙辛乙　庚壬丁申　戊辛丁亥　市
甲庚巳乙　庚酉乙庚　丁庚月巳　白　巳庚壬丙　丁月乙乙
巳乙辛壬　壬亥　巳丁甲巳　辛壬月丁　甲　丙辛巳丁
元　丙戊庚辛　致　元　丁丁庚丙　甲丙壬辛戊
甲辛巳巳　壬庚丙戊　丁丁辛亥　丁辛月辛　甲壬壬辛　壬巳丁亥
壬巳月庚　甲庚丁乙　伏火　巳庚丙庚　甲月乙戊　壬丁巳丁
白　乘　甲庚庚乙　壯管　甲壬庚巳　半
壬丙巳辛　丙乙丁巳　大壯　壬乙辛月　甲火　甲酉巳庚
壬丙壬辛　庚丙巳壬　甲辛申亥　艮斗牛　丙巳月乙　甲丙甲庚
工　甲庚壬申　甲乙丙亥　戊申戊巳　甲壬丙巳　皿
庚壬丙申　甲丙甲丁　　戊辛于申　丁辛丁庚　庚壬乙申

鐵板神數　神集

癸斗
戊甲戊巳
戊庚酉巳
元
甲巳戊甲
壬庚丙庚

庚甲壬巳
丙巳辛庚
丙
甲丙甲庚乙
丁辛乙壬
辛壬丙乙
壬丁辛乙
丁辛甲丈
壬乙丁壬

癸辛
甲丁庚辛
甲丁壬辛
方
乙壬丁辛
金辛辛
庚壬庚丈
庚辛壬甲

甲丁乙辛
甲丁辛

壬丙乙丙
甲巳戊壬
甲水
丙巳月丙
巳壬丙庚
丙乙乙甲

工
庚壬乙戊

壬戌戊庚正卦

	萃卦	地卦	巽卦	有卦	屯卦	泰卦
	亥戊庚丁	甲辛甲丙	甲丁辛丙	甲乙丙庚	甲乙甲丙	壬甲辛壬
	庚甲庚	丙乙辛壬	甲庚丙丁	壬戊甲辛	庚壬丁乙	丙甲辛丁
	庚丁辛乙	乙丙戊亥	壬甲丁庚	甲乙庚辛	甲丙巳乙	壬甲巳壬
	庚辛乙乙	甲乙丁丁	甲辛乙甲	壬丙壬乙	乙丁庚亥	乙戊辛丁
	庚乙壬丁	甲丁甲亥	戊庚壬丙	丙甲甲亥	甲戊庚丁	庚辛甲丙
	甲乙乙庚	乙丁甲庚	庚戊庚乙	丙丁庚丙	戊庚丙壬	壬甲辛戊
	甲甲庚甲	甲乙巳亥	辛丙巳丁	丙乙乙庚	庚甲乙乙	甲戊丁戊
	甲巳庚戊	甲庚甲乙	壬庚甲巳	甲巳戊丙	巳乙庚甲	丙巳甲丁
	壬丙乙辛	戊丁甲庚	庚乙乙巳	甲庚丙亥	丙辛巳	丙辛乙亥
	庚丁乙戊	甲壬乙壬	丙庚甲壬	戊乙乙丙	甲乙戊甲	巳乙壬丁
	丙戊乙壬	甲乙巳庚	巳辛巳丙	乙丙丁丁	乙甲丁丙	甲巳辛乙
	巳辛庚丁	辛丙辛丙	乙甲月丁	庚甲壬辛	壬巳	甲戊丙辛
	壬戊壬庚	辛丙丁辛	甲乙乙辛	丁辛巳丁	巳丁甲乙	丙乙丁辛
	戊甲甲丙	戊辛甲戊	丙甲乙丁	乙甲辛巳	巳乙庚	壬甲乙戊

壬申壬乙正卦

戊乙壬甲 甲乙辛甲 壬乙甲壬 乙庚辛丙 戊乙辛巳 壬甲丁壬
庚巳甲丁 戊 庚辛戊辛 壬戊辛庚 丁巳丁庚 壬丙乙戊
壬甲戊乙 丁辛庚乙 丙庚巳庚 乙丁戊巳 壬火 丙月戊丙
丙乙乙丙 壬甲庚甲 丙巳戊辛 乙月乙辛 甲巳乙 甲丙戊癸
壬巳甲巳 壬巳戊辛 甲巳戊丙 甲壬戊巳 甲壬丙乙 壬辛庚乙
庚巳辛乙 辛乙 巳巳壬乙 巳丙丁巳 丙乙辛戊 姤卦
庚乙丁戊 戊火 丙戊丙乙 甲月庚壬 丁巳月巳 壬戊巳乙
乙月戊丁 丙巳月甲 姤卦 壬丁丙壬 丁巳乙乙 壬丙甲癸
乙丁丁辛 丁丙壬亥 丁丁甲辛 壬乙辛乙 甲乙丙巳 壬巳丙乙
巳壬丁巳 甲壬丙庚 辛戊庚丁 甲乙乙庚 庚巳月戊 壬乙巳
丙甲辛丙 庚乙月戊 辛丁甲巳 乙乙乙庚 庚丙壬丙 壬巳酉
丙丁辛丁 丙辛乙戊 巳辛乙丁 甲乙月庚 壬水 否
甲丁丁丁 庚乙巳戊 辛乙月丙 甲丁壬巳 丙丁巳甲 甲戊庚酉
乙丙辛甲 丁乙丁壬 丁丁巳亥 庚戊月巳 丙丁乙乙 庚壬亥
辛壬丙甲 乙辛巳亥 庚丁乙戊 丁戊甲戊 甲巳月巳 辛乙丙亥
庚丙辛巳 戊水 巳戊辛戊 庚壬戊丁 壬乙月丙 同人卦

庚壬辛巳	丙巳月巳	同人卦	壬丙甲支	壬乙	丙丁庚丁
乙月丁乙	戊丁丁辛	巳乙辛巳	壬辛巳丁	丁辛丙辛	戊乙壬辛
元	壬乙酉巳	丁辛戊乙	甲巳甲	甲乙乙丁	戊丙乙辛
丙月乙丙	丁戊甲丙	乙乙甲乙	甲巳丙乙	丁庚乙辛	戊乙戊庚
甲庚酉巳	庚辛壬庚	庚巳乙乙	巳辛庚戊	甲丙巳壬丁	壬甲戊辛
艮斗牛	丁丙壬乙	甲丙乙支	壬月乙丁	乙火	壬甲戊丁
戊酉庚乙	庚	甲丁巳丁	壬丁庚甲	甲乙庚巳	秋火
戊甲乙巳	巳月巳丁	秋火	庚巳壬甲	丙月庚巳	丁壬丁丁
甲丁巳辛	甲月戊乙	巳乙丁支	戊丙乙甲	甲辰子	致
甲月丁辛乙	巳辛巳丙	致	戊乙巳乙	戊甲乙辛	丁辛乙辛
皿	甲辛辛戊	丁辛甲乙	巳乙辛丁	庚乙丁	大佳官
庚壬巳支	庚火	否	甲月酉	庚辛巳戊	戊丙辛丙
工	庚月庚甲	辛戊巳甲	巳乙月乙	壬庚丁支	典
庚壬乙支	丁庚戊辛	辛乙壬丙	壬乙乙巳	甲庚乙丙	巳丁巳戊
白	丁戊乙辛	丁戊甲巳	壬乙庚丙	乙水	方
庚乙甲乙	丁月甲乙	丙辛庚辛	甲庚巳壬	戊甲丁支	巳辛戊壬

大壯官
己巳甲午庚
壬子乙丙
金牛
庚子辛丙
庚壬辛丁
典
己壬辛

丁丁丙乙
庚丙壬巳
乙辛丁亥
丁巳辛甫
戊丁辛丙
戊巳月巳
泉
壬月庚丙
甲壬戊甫
丙戊丁丙
丙巳巳甫
己庚壬甫
壬月乙丙
丙戊庚乙
丁巳丙巳

半
男甲庚
男甲巳
斗
甲丙
丙
男甲乙
丙庚星
丁月
辛壬巳

血
庚乙月甲
工
庚乙甲支
金牛
庚乙月丙
庚乙丙甲
木昆
甲月丙壬

甲丁月乙
丙乙庚丁
甲月壬巳
壬戌月壬
元
壬戌壬辛
丁丙月辛
壬丙巳庚
壯
丁乙丙辛
壬丙辛亥

半
男甲庚
男甲庚
白
壬月巳戌
丙丁自巳
而
辛巳丙乙
辛巳甲乙
辛巳壬仁
庚甲昆戌
乙丁月乙

壬戌丁巳正卦

豐卦 壬辰丙辛 甲乙庚丁 丁申戊乙 壬申月乙 丁庚巳辛 壬庚巳甲 丙辛戊丁 壬巳乙己 丙申辛己 庚壬月戊 乙庚巳甲 己辛月戊 己丁壬巳 庚戊辛壬

明夷卦 丁壬乙戊 丙壬辛壬 庚巳酉巳 丙壬乙申 辛丙辛壬 甲月壬己 丙申巳巳 戊壬辰庚 壬乙辰壬 甲戊巳乙 戊乙戊丙 庚乙月庚 甲巳乙甲

師卦 甲乙丁庚 戊月乙辛 丙庚巳巳 乙巳月乙 壬巳戊辛 壬庚月甲 辛戊丁丁 甲巳丙庚 甲戊丁己 丙戊丙庚 甲丁辛戊 丁巳巳巳 戊月辛辛 戊月巳乙

壬亥辛乙亥正卦

艮卦 戊甲辛壬 甲巳丙戊 壬戊巳壬 壬庚丁申 乙戊乙丁 庚丙庚辛 丙丁乙戊 丁戊壬乙 丁月巳丙 甲月戊辛 庚丁庚亥 甲乙巳壬 丁月丙丁 壬巳甲辛

賁卦 壬巳月丙 壬申月丙 乙辛丙丁 巳戊丙辛 甲戊丁乙 甲辛庚巳 丙庚庚庚 庚丁辛壬 辛 戊壬酉辛 壬丁申丁 丁壬庚壬 乙甲戊丙 辛亥

大畜卦 甲丁月丁 甲丁申丁 甲辛壬庚 壬月巳乙 壬丁乙丁 壬巳己壬 乙乙乙乙 丁庚丁亥 丙壬辛乙 甲巳己丙 乙乙壬丙 甲辛酉巳

姤卦 壬戌申亥

壬戊月庚 丁 戊庚亥 甲丙辰戊 戊巳午丁 壬庚子申
丙辛巳丙 甲巳丁戊 戊乙庚丙 丁丁亥巳 丁庚巳丙 巳庚月庚
辛青甲巳 甲巳丁辛 戊庚辛 丁巳辛巳 戊壬辛亥 庚月庚亥
壬月乙戊 乙辛丁戊 庚丙乙巳 乙丙壬辛 辛水 丁丁酉巳
甲辛壬巳 甲巳辛庚 甲巳丁丙 巳丙乙壬 甲巳巳丁 否
乙月庚壬 丁火 乙辛巳戊 丙戊申乙 壬戊丙辛 辛子壬申
庚壬巳巳 戊乙巳丁 庚壬庚 甲巳月庚 乙庚月庚 壬申巳丁
壬乙月乙 戊壬丙亥 姤卦 乙辛月丙 乙亥 同人卦
乙庚戊庚 乙壬乙申 丁巳月 壬丙戊亥 壬申丁申 戊巳甲乙
壬子辛丙 丁水 乙丁丙巳 壬丙月庚 壬月巳戊 乙乙戊丙
壬寅壬丙 甲巳辰戊 戊壬申乙 甲丙子庚 乙壬丙申 庚辛乙庚
戊巳乙亥 甲巳丁丙 乙壬丁乙 甲巳日 甲丙辛巳 甲巳辛亥
戊申巳丁 丁庚辛辛 否 壬戊丁申 乙火 戊戊乙乙
戊壬丙巳 壬戊辛丙 戊申辰辛 丁月丁巳 甲丁申巳 戊巳月戊
戊巳庚巳 丙戊乙丁 戊月巳乙 壬巳巳丙 辛壬戊巳 秋火
辛月申巳 同人卦 辛庚申巳 巳庚日 巳辛亥

乙巳乙丙 甲巳丁亥 乙壬月壬 丁巳庚辛 庚丙丁丁 致
甲乙巳乙 甲丁酉壬 丙辛戊巳 壬巳戊丙 庚甲丙辛 己戊壬辛
甲巳丙辛 庚丁乙巳 丁丙戊辛 巳丁壬丙 戊丁乙戊 大壯
壬甲庚丙 甲壬庚戊 丙辛壬壬 壬丁丙辛 辛壬丙巳 丁丁月庚
壬巳壬戊 己火 甲巳壬戊 辛丁戊辛 己辛巳巳 戊丙月丙
乙戊庚丙 丁丁白 致 白 乙亥水 方
戊月庚甲 庚巳乙庚 丙丁戊丁 乙月庚辛 壬乙庚甲 丙巳乙丁
乙月酉壬 庚辛乙甲 典 木艮屯 壬巳壬庚 金
丁丙巳壬 戊壬辛壬 壬丙戊丁 甲酉巳亥 戊辛丙巳 庚巳壬亥
丙巳巳巳 戊巳乙辛 木艮屯 元 甲月丁庚 庚巳壬壬
壬巳巳辛 巳水 甲月酉壬 甲月乙丙 丙巳月丁 工
白 丁乙 金斗牛 艮皿 丙巳甲乙 庚乙壬巳
庚酉 甲丁庚壬 庚巳戊甲 庚丁酉巳 丙戊丁庚 市
丁乙丁丙 甲丁庚巳 庚巳庚亥 艮斗牛 巳戊辛巳 壬月巳丁
皿 甲丁丙庚 元 戊辛乙亥 辛巳壬丙
庚乙丙庚 戊丙月戊 甲戊巳乙 甲月庚辛 辛巳壬壬

坤集

工
庚乙戊辛
半
甲己甲丁庚
甲己甲己庚
斗
甲丙丁戊
甲辛甲辛
帀
辛甲庚戊
辛壬丁壬
甲月甲丙
壬月丁己

星
甲己壬丙
甲己戊辛
昷
庚壬己丙

甲己戊
面
甲庚丁
半
甲己庚
甲己庚

辛己丁壬

乙亥男正卦

乾卦　恒卦　遯卦　否卦　觀卦

乙亥戊庚正卦

甲辛巳亥　甲巳乙乙　壬月巳壬　甲巳戊乙　庚丁丁乙　甲丁戊庚

壬月壬亥　壬甲丙辛　乙月乙壬　甲丁巳辛　戊庚巳庚　壬庚戊甲

庚甲壬亥　乙月乙甲　丙月庚巳　壬庚月庚　甲庚甲巳　甲壬甲戊

壬巳庚戊　乙乙丁丙　乙壬戊亥　壬丁甲乙　乙甲丙辛　庚乙巳甲

庚巳男丙　巳庚巳丙　壬巳戊庚　甲巳辛丙　庚巳壬巳　乙甲乙壬

壬月庚乙　甲月巳亥　甲丁乙亥　丙辛巳戊　甲戊辛庚　戊甲巳甲

壬月乙壬　庚月巳巳　庚戊丙壬　壬月壬巳　甲庚丁亥　戊乙壬丙

丙辛巳巳　丙甲乙庚　姤卦　壬月丁乙　庚戊月庚　戊乙丙庚

丁戊巳巳　甲　壬丁月丁　甲戊庚丙　戊　姤

甲丙丁巳　甲丙辛甲　乙丁丙庚　甲庚丙壬　甲壬甲乙　乙丙壬庚

乙乙丙辛　甲乙乙壬　乙乙乙戊　乙甲庚巳　甲乙乙壬　壬辛巳壬

丁戊乙丙　戊月乙乙　甲丁乙戊　甲巳壬亥　丁辛丙庚　否

己丙乙乙　甲巳辛亭　甲庚甲　甲月巳乙　丙甲巳丁　乙庚壬

戊甲巳辛　男　甲乙辛巳　庚巳丁巳　戊火　辛丁丙亥

坤集

甲丁乙戊	巳庚戊丁	庚丁壬戊	庚戊乙巳	壬丙巳甲	戊巳巳丁	壬巳戊壬	庚月乙壬	巳巳乙庚	庚丁乙巳	戊月巳丁	庚丁巳甲	巳巳壬庚	巳巳庚丙	戊壬乙丁	
庚乙壬丙	甲庚乙巳	甲水	甲辛庚巳	巳辛丁亥	丁庚乙乙	丙	甲戊乙庚	丁丙庚壬	巳乙月丙	巳乙月庚	丙火	庚乙庚乙	乙庚丁丁	丙水	乙壬丙辛
否	乙丙壬辛	辛丁壬辛	辛庚壬辛	丁丙月巳	同人卦	壬乙乙亥	庚壬巳辛	壬丁巳庚	丁戊乙甲	丙甲庚辛	昷	庚巳戊巳	元	男乙乙戊	男丙庚巳
庚戊丁乙	己巳壬丁	庚丙巳甲	甲壬戊庚	壬巳巳乙	丙甲巳辛	庚戊巳巳	男星壬庚巳	丙巳巳庚	壬庚甲庚	壬月乙甲	辛月丁辛	丁辛巳壬	戊庚乙戊	庚火	庚甲戊丙
丙庚甲巳	男星壬庚巳	戊水	壬丁庚戊	丙戊乙辛	丁乙丙巳	庚	甲乙辛丙	辛巳甲乙	壬丁庚辛	男丙辛戊	典	男巳戊辛	方	男巳丁庚亥	男壬斗
乙月丁甲	同人乾	丁丁戊巳	壬丁乙亥	戊辛巳辛	巳乙辛丙	致	丁月辛壬	昷	庚壬戊丙	庚壬巳巳	工	庚乙巳亥	金斗	庚乙丁壬	

金斗牛
庚乙丁甲
庚乙丁壬
工
乙乙庚
币
辛乙丁乙
辛巳辛乙
乙丁巳丁

丙壬甫
大壯
戊辛甲巳
白
戊甲丙壬
艮牛
甲巳乙辛
甲巳丁辛

屯艮
甲庚辛壬

丙月乙支
戊丙戊支
泰
辛戊乙支
丁戊匕乙
杏艮屯
甲戊丙支
币
辛甲辛戊
巳匕丁巳
乙月巳乙

甲巳辛
甲巳辛
戊甲辛乙

致
甲巳甲辛
元
甲丙庚巳
甲辛庚
甲辛庚戊
丁庚戊巳
甲乙巳

乙亥壬乙正卦

晉卦
甲庚乙亥
甲月辛丁
甲月庚午
甲月戊巳
丙辰丙辛
甲庚甲庚
丙月巳亥
丙庚巳丙
丙丁辛亥
甲丙戊巳
壬乙壬辛
庚月巳戊
庚壬巳丁
丁辛丁丁

大有卦
甲巳巳辛
丙丁丙庚
丁戊辛丁
壬甲戊壬
丙乙乙乙
巳庚丁乙
庚丁辛
壬
甲辛甲亥
甲巳巳巳
丁戊丙辛
甲丙辛巳
壬火
壬巳甲丙

坎卦
甲丁甲辰
甲戊巳壬
壬乙月甲
丙庚乙庚
庚辛巳巳
壬丁丁壬
丙甲巳巳
巳戊戊甲
乙
甲丙庚巳
甲巳戊亥
丁庚丁甲
甲丙巳庚丁
乙火

乙亥丁巳正卦

履卦
庚戊丁巳
庚辛甲辛
戊庚戊庚
庚月巳
庚壬巳
戊月巳甲
甲月辛壬丁
戊乙辛甲
壬丙壬巳
甲丙甲庚
甲乙月乙
乙丙壬乙
甲壬乙辛
甲巳乙丁

中孚卦
庚乙戊巳
甲巳月乙辛
乙乙戊巳
庚壬甲亥
壬巳辛壬
巳丁甲亥
戊丁丁甲
庚戊壬甲
甲月壬巳
丁
甲壬巳巳
甲巳壬亥
乙巳庚壬
甲巳巳壬

姤卦
壬巳丙
乙戊月庚

否
乙丙壬辛
丙辛巳巳
庚戊壬甲

同人卦
甲壬辛庚
丙丁甲壬
甲甲
乙甲辛
龕

巳丙辛丙　庚丙壬乙　甲辛戊丁　艮斗半　丁水　乙甲戊辛
庚壬巳庚　壬水　丙戊巳乙　戊乙乙乙　戊壬辛甲　辛戊丙巳
壬月壬辛　戊辛庚巳　丁壬乙丁　甲月辛丙辛　戊丁甲辛　木艮屯
乙乙丁支　庚丁丙甲　庚壬丙巳　甲月巳辛戊辛　庚丙庚巳　甲月戊巳
戊丁丙巳　丙巳辛巳　丙壬庚丁　工　甲巳戊乙　元
丁戊辛巳　乙壬乙丁　乙水　戊甲壬庚　壬丁庚壬　丁丙辛丙
庚辛月庚　艮半斗　壬乙甲辛　万　巳戊丙乙　壬甲巳壬
甲丁壬支　甲月辛月辛　丙庚壬巳　戊丁壬巳　巳　甲巳辛酉
戊壬巳乙　甲月巳辛甲辛　辛月庚甲　甲巳庚癸　斗
壬巳丁丙　戊甲巳巳　姤卦　甲巳丙乙支　壬巳戊丙
辛壬巳支　大壯　壬巳甲丙　乙辛乙巳　壬辛丙巳
巳壬戊巳　丙壬丙支　戊巳丙　甲巳巳甲　币
斗　同人卦　手甲巳　巳火　巳乙巳巳
壬乙巳辛　戊巳辛壬　否　辛乙月辛　庚辛乙丙
工　丁庚巳丁　乙庚丙乙　丙巳丁乙　庚巳甲乙
庚巳丙巳　乙乙日　巳水

金斗牛
庚巳戊丙
庚巳巳乙
丙
丁巳甲巳
丁巳巳亥
庚辛巳乙

致
丙壬巳亥
下艮屯
男戊巳亥
元
男庚丁巳
甲壬丙庚
丁戊乙亥
庚丙巳亥
戊丁甲亥

壬戊辛壬
乙巳乙戊
甲戊乙巳
壬庚壬辛
甲壬甲亥

乙亥辛丁亥正卦 丁亥甲丙正卦

震卦 豫卦 解卦 恆卦 升卦 臨卦

壬甲乙乙 巳辛巳辛 辛戊午巳 乙丙戊丁 丙乙辛巳 乙壬巳乙

乙甲巳乙 巳庚巳甲 壬月甲乙 壬庚巳乙 壬庚丁巳 戊丙戊壬

乙甲丁戊 巳巳月庚 壬辛壬戊 巳月巳壬 甲 乙乙辛丙

巳壬乙戊 辛 甲丙辛壬 戊月甲巳 甲巳庚甲 戊乙丁辛

巳巳庚壬 甲壬辛丙 甲戊辛丙 戊月辛戊 戊丙庚亥 乙乙甲庚

甲巳戊巳 甲巳辛亥 庚辛丁戊 丁月辛甲 甲丙庚丙辛 乙甲巳巳

壬丙巳戊 乙乙辛乙 戊巳辛巳 庚巳巳甲 甲壬丁 丙

巳丙巳丁 甲丙巳丁巳 丁丁壬亥 戊壬庚巳 甲火 戊辛乙壬

甲巳辛戊 辛火 姤卦 壬庚辛巳 巳壬巳戊 戊辛巳乙

庚巳戊丁 戊庚甲庚 辛丁丙辛 戊壬丁丙 戊甲丁巳 戊辛巳丁

辛乙辛甲 庚丙甲辛 甲乙甲巳 甲巳月巳 乙戊丙壬 戊辛巳巳

庚月丙壬 辛乙戊亥 乙庚壬巳 庚戊丙庚 甲水 丙火

庚月壬乙 辛水 否 元 丙巳乙辛 巳庚乙戊

壬巳巳戊 丙戊巳巳 巳庚丁辛 丁壬巳辛 丙乙乙辛 巳巳甲辛

戊壬戊辛
己庚甲壬
甲丙壬巳
乙丙巳丁
丙巳丙支
丁
戊甲辛戊
方
戊巳乙乙
艮半
男辛庚辛
甲戌壬辛

丙丁己庚
丁支
甲辛戊丙
壬庚辛壬
丁壬辛支
甲酉巳丁
丁火
己甲庚巳
丁庚乙巳
壬甲庚戊
丁水
丁戊乙戊

致
丁甲辛丁
兵八卦
戊巳戊丙
元
戊月壬辛
甲壬巳
戊庚壬
甲辛乙甲

男壬巳
戊庚戊

庚乙月丁
戊丙壬庚
艮半斗
男辛乙辛
甲戌辛辛
戊甲丁丁
致
辛丁辛乙

己壬丁丁
丙木
乙乙丙丁
甲丁戊甲
壬丁巳戊
甲巳甲巳

丁亥戊庚正卦　丁亥壬乙正卦　丁亥丁巳正卦

大過卦　隨卦　家人卦　比卦　噬嗑卦　頤卦

乙丁甲丙　己乙壬丙　甲己丙亥　己乙丁丁　乙庚壬丁　庚戊壬甲
乙辛月甲　己戊辛亥　丙戊月甲　庚巳七丁　戊丁戊乙　甲丙月乙
甲月辛乙　戊巳甲巳　壬甲巳丙　戊辛庚巳　乙乙戊丁　戊壬戊丁
丙月辛甲　壬丙月壬　庚戊壬丙　甲戊巳甲　己庚巳七　戊乙甲巳
壬月乙亥　戊　戊甲月　丁月甲亥　壬戊丁庚　乙戊巳辛
壬甲庚壬　巳辛巳丁　戊丙庚辛　乙丙辛甲　壬巳丙壬　丁火
庚甲丁壬　己巳乙甲　戊巳乙辛　壬庚丙巳　戊壬甲辛　戊戊辛戊
戊甲庚甲　甲壬丁乙　甲巳丙辛　甲庚巳辛　戊巳辛戊　巳水
戊庚戊乙　戊丁辛丁　庚壬丙戊　壬火　丙丁月甲　壬丁壬巳
戊壬庚戊　戊水　戊月辛亥　酉巳辛甲　丙乙戊乙　壬月辛丁
庚戊辛庚　壬巳月戊　戊庚丁庚　戊庚甲巳　甲庚丙戊　壬月辛乙
庚丁壬丁　庚巳乙戊　庚巳乙巳　庚巳巳辛　庚月巳庚　丙月庚辛
庚壬月丁　甲丁乙丙　庚巳乙乙　戊庚乙甲　壬戊庚辛　元
戊庚巳丙　甲月辛戊　丁乙火　乙辛丁丁　甲壬壬巳

艮斗半
戊丁戊巳
甲辛巳辛
甲巳辛巳
元
丙甲
巳丙甲乙

庚
甲乙壬
乙丙庚辛
戊丁壬甲
甲乙丙乙
庚火
庚壬甲壬
庚水
乙壬乙丙
丙庚甲丙
二
戊丙戊
致
丙庚戊

壬甲壬巳
壬
巳辛丙壬
乙丙巳巳
丙戊丙乙
庚丁甲戊
乙
壬乙辛巳
甲辛巳壬
壬乙辛乙
甲乙巳丙

壬丙甲甲
壬丙甲巳
壬丙辛丁
甲壬戊甲
戊乙壬丙
元
甲壬壬丙
乙甲巳壬
丙庚乙

甲巳丁庚
壬乙壬乙
丁
甲巳庚丙乙
壬辛甲甲
壬巳乙丁
丁丁戊丁

丁水
甲辛巳
甲壬庚丙
巳
壬
巳丁乙壬
壬丙戊甲
壬巳辛乙
元
丙丁戊乙
丙辛戊乙
丁丁甲乙

丁亥辛巳亥丑卦　巳亥甲申酉丑卦　巳亥戊寅壬丑卦

大有卦　隨卦　升卦　否　泰卦

甲巳丁子　辛乙丁亥　丙戊甲巳　巳辛丙壬　戊丁乙丙

丁壬庚寅　庚乙甲巳　丙丁巳戌　庚辛戊亥　庚乙辛巳

壬丁壬甲　壬巳巳　庚丁壬巳　丁壬丁庚　庚丁月巳

丙巳巳辛　辛乙壬亥　庚丙巳辛　戊丁辛庚　庚戊乙辛

丁庚甲亥　甲壬巳丁　甲庚乙庚　壬戊壬乙　戊庚月辛

壬丁酉巳　甲丙月甲　戊丙月　甲丁庚亥　戊庚巳甲

甲巳月丙　甲乙庚壬　艮斗　丁月戊庚　艮斗

巳丁辛甲　庚丁甲巳　戊月辛　丙巳辛甲　戊月戊庚

庚壬甲巳　壬乙甲　元

庚戊壬甲　星　甲壬巳

戊庚辛巳　辛丙巳壬

庚巳丁庚　艮斗

工　戊辛巳戌

戊巳酉巳

丁亥壬辰戊
己丙甲壬
元
甲己巳乙

元
巳壬乙
甲丁辛申
丁庚乙庚
巳亥壬壬亥
庚壬庚乙

已至乙丑卦
鼎卦
戊庚丙支
庚巳乙丙
甲庚丙支
甲丙庚壬
庚巳巳丁
戊丙壬巳
甲庚甲丁
辛甲辛丁
元
甲丙壬丁巳

巳至巳卦
引卦
丁巳甲丙
丙戊壬辛
戊巳戊乙
戊壬丁乙
戊丙甲丁
甲戊庚乙
辛丙月
元
甲壬巳

巳辛戊丑卦
同人卦
庚甲辛甲
戊丁乙丁
甲庚戊甲
甲辛巳丙
壬戊乙壬
元
甲丙壬辛巳

辛甲丙辛卦
恒卦
辛丙戊辛
壬酉巳
丙戊甲壬
辛戊丙辛
甲戌巳甲

辛庚戊辛卦
升卦
辛丙壬巳
甲乙巳戊
庚丙戊乙
庚丙巳丙
元
辛丙乙壬

辛辛丑卦
泰卦
庚壬丙巳
辛丙丁支
辛丙壬巳
甲辛乙丁
丁壬乙甲
壬辛庚巳
甲辛丙乙

辛丁巳卦
晉卦
庚乙戊庚
辛丙辛亥
辛戊甲亥
元
丁巳丙戌
甲乙月辛

辛巳甲丙
大有卦
甲壬戊亥
戊壬甲丙
元
丁丁丁亥
甲辛辛亥

甲月巳甲丙
升卦
辛丙庚丙
甲庚戊亥
甲戊巳戌

甲丙月庚
元
戊辛巳巳

一　四七　一樹殘花枯枝復茂
二　　　　貴人廊庿何如自立門戶
三　　　　家業消耗独守爲难
四　廿二　若雨連宵行人泥濘
五　卅二　日照紗窓紫艷明柳薦枝土根新春
六　六四三　家室亨通心安而意穩
七　六廿五　有意外之處含哺而笑
八　卌卌　得人輕借力便是運通時
九　　　　卜君之寿未滿六旬
十　四二二　时亨運又通鎮日笑春風

一 卅八七 可貞先咎固之所宜

二 十八七 榮受職任定在此年

三 五三二 半夜西風晚開零色

四 廿十九 斯年頭帶白難免孝服憂

五 為人不實指東話西

六 正妻無子副妻方有兒

七 十八七 名登庠序弓馬入泮

八 卉木 親近貴人不有饒益

九 榮受職任此年大幸

十 廿八七 運未至時未可施為

一 三千 乾元用九動而有成

二 能剛斷而任事決不類流俗

三 卅五六 無端忽生非破財難免

四 虽有偏房不結子天賜正室產麟兒

五 廿八七 暖日春回日百花正及時

六 卅三 中流有不行舟仔細

七 四十三 平康正直問利有餘

八 廿 名登庠序身赴儒林

九 卅六五 日到中天何期土計掩其光

三千一百 十六五 小運旣通所爲稍利順

一　甲　　年当大有富麗時光

二　十九　　生平功名遂辟離得榮身

三　五十六　　路旁之処見山坡前有長鬚挈杖扶

四　甲　　不意失却前程在為財散灾病之苦

五　二十五　　拖坭帶水挣过崎嶇

六　十二　　母赴瑤池三年泣血

七　　命道不由人一世奔波苦勞心

八　五十三　　人和人和原来安樂値錢多

九　十五　十九　　平安叶吉人樂堯天

十　卅三　　鏡中之花衹可対玩

一　三千四三　人事從容所爲順利

二　十八七　功名成就国学姓名香

三　托祖宗之德初授百總之戢

四　四八　不幸数巳尽

五　五千六五　一曰元亨称曰吉利

六　命帶天囚妄想無本全利之理

七　官拜運司而致仕

八　妻生一子妾亦如之

九　夫妻應諧老数注半路各分离

十　三千二　廿　持弓欲射虎無奈虎負嵎

秘訣六析　三

一　罡五　移花接木艱難培植

二　廿二　蛟龍尚困于淵未可施為

三　　若有一子以送老

四　五十　流住運不通冷落晚来風

五　六十　月到雲边其光権蔽

六　廿四三　水流花落事総难施

七　廿八七　黄金埋土未得便用

八　五十六　浉山有伏蛇行人須仔細

九　　操江之任立送爵原

十　卅六五　人事有支离不如守拙

一 罡 一字君記卜之曰守

二 弄 李陵誤入太后国高築雲臺望漢君死也

三 垩 生子之年

四 蒜 中身修德自無蹇難之虞

五 里 拂拭菱花垢靜而光自現

六 茔 和氣景象八有樂意

七 絳帳橘泉名利客不是儒林卽杏林

八 茁 鳥囿于樊籠神虽旺而不喜

九 罡 欽命典試

十 茁 高山流水幸有音來

一　廿二一　眞驥無羔未受如人之利

二　四十九　流年至此須順安吉

三　廿二一　犬生两口請君祥之

四　卆　言公接踵囹圄之嘆釋

五　廿五　風雲際会功名遂姓字沾恩雨露沵

六　性吝才愚一毛不拔

七　四十三　花押正巧春色宜人

八　廿八七　行樂度流年方事得安然

九　湘江遊偏衣食僅足

三百卆　杢二　黄江葉乱露初冷独棹孤舟夜上流

一　十四三　婚姻早配天喜当頭
二　廿二一　先培其枝葉暢茂乃成
三　共人品自鴻済衿怀要樂
四　風鑑通神人共仰伏遇提携興起家
五　清間萷利與微名做個都城賣小人
六　四十四三　万恨千愁一朝尽釋
七　卅三　一日吉利再日亨通
八　四十六五　告君記四字待鬼守株
九　大十　草色逢春始発萌芽
三十九十　四十八七　流年順利何事不可爲

子集

一　四四三　時哉時哉力圖大用
二　　眇介独立名之名曰辟
三　十三六五　平安二字享用之時
四　六十四　泰山頹梁木坏天喪斯文
五　六十五九　吉人同行牽引無顛陷
六　十三四三　光天化日可以勇為
七　六十三六五　行大道樂堯天天祐吉人
八　十七　其年悪曜攻身須防危險
九　　負個儻之才終須小試
十二　夏是　五九六十　人事如欲囊有餘珠倉有餘粟

一

二　五綠繩牽月老囊畫眉京兆許張郎

三　二千　奔走重山生計他鄉可與發

四　架上有書堪教子囊中無物不生財

五　五六五　只合統猜犹未得相安無事

六　卅二一　春色侵人韶光明媚

七　卅八七

八　蘋渧無常祇聞多悶

九　卄九卌　六十有七不覺文星殞矣

十　六千七　数定按臺官至監察御史

一　莊　如履虎尾翼〻小心
二　罡　金櫃相扶喜氣頻而至
三　大理爲九寺之戝守三章之重
四　吾　斯年四個字自在安樂
五　尭　関山幽谷鴻鳴早馮淩西秦賀孟嘗
六　妻生二子妾亦如之
七　莊　見机而行可以無患
八　廾　、江边風雨灘頭急釣得魚来央却鈎
九　坙　緣暗紅稀春色老即隨流水去不归
王阜　金辛須比劂聿脣棘寺之沵思

一　一六七八　大生兩口孝服之憂
二　自生二子妾生二兒
三　五千四九　子陵釣于富春江游然自得
四　五八七　六陰之象事不安寧
五　三千　雲蓮山徑樹色糊模
六　五十十　父死之年八子不幸
七　數有偏枯妻生翳目
八　數定明刑宮至大理寺卿
九　四四六五　鳥得其所飲啄自如
十　五千四九　中秋月色分外光明

一　丟五六　知已論心解我田愁重嗇

二　罡三　馬遇康莊可以馳驟

三　命帶暗疾一目不明

四　壵三　鴉鵲同行吉凶自分

五　茳七　微雨渡暗天正惱人時候

六　奆三　謝安選勝東山終日歌酒

七　妻生二子妾生一兒

八　㧘六九　玉洞桃花錦綉炫目

九　無兄只一弟庶母而生

三卓　壵三　風散雲收月色能照千里

一　四九五十　逆旅穷途得一知己喜揚揚

二　廿一廿二　門中交争分明破財

三　罘　未能長驅車脫其輪

四　卌三　日落西沉人在暗中行

五　四十卅九　走过他鄉茫然無归宗处

六　爲人性艮一生無大患

七　圣武威張四海安康恩光遠庇九州咸慶

八　八七　青春柳眼春光已定一分

九　丟　幸得室家欢聚明明有鬼猜疑主刑妻

三十　卒四三　夕阴两边一片彩霞明

一　廿五六　生涯惟有幾行書常伴青毡度盡時

二　廿五六　好運正當與玉出荊山色自明

三　三五八七　時逢恩星從此而曜

四　四三一　事積如蔴且招其禍

五　三五一　豐年穰穰衣食饒裕

六　不山不水問漁樵蹤跡無常詢子虛

七　卅六五　調氣佈腠天氣近晴明

八　八三三　月仄之离鼓缶而歌

九　卅四三　美玉無瑕玷晴天細雨絲

十　廿四三　南樓花影度欄杆寂寂柴門夜色寒

一 [illegible] 托祖宗道蔭甘心守法
二 [illegible] 蔽日烟塵行道異滯
三 [illegible] 盤根錯節之時堅持利器
四 [illegible] 東西南北処〻有逢迎
五 小〻經營成家富微〻立業創成基
六 有正已格物之風篤人臣事君之義
七 [illegible] 花発上林錦繡奪目
八 [illegible] 披剪荆棘爲力之难
九 [illegible] 謀定無憂貴人点頭
十 [illegible] 耳順〻二年椿樹入黃泉

一　至　藍關雪擁馬不能前

二　五十八七　寒窗風暗雨万事繫人怀

三　廿八七　烏棲千樹綠蔭正長

四　卌九四十　塵封寶鏡晦滯之中有分

五　共　楊花滚雪

六　世　江州司馬多情青衫淚濕

七　五十四三　無意之中得意有意之中失意

八　五十三　小往大来諸吉悉至

九　眼目不明前生所根

三十卒　五十四三　波紋初定微風水面吹来

一　艹八七　福兮禍所基禍兮福所依
二　十五九　灾星相侵大小不寧
三　毛三　進之未安退之不可
四　艹田三　時有寒冷堅冰未解
五　艹田三　一葉扁舟載明月芦水兩岸水溢々
六　田三一　内有阴謀幸得貴人解脫
七　田三一　掃淨風烟會見無名帶礪棟樑材
八　十田三　魚遊春水洋々而縱
九　十乇　毋赴瑤池三年泣血
十　十五九　薏苡被謗可以思退

一　晃　舍近而求遠勞之未有功

二　圭　人坐春風融融樂意

三　轨　飲大白于北窓下快樂自足

四　兄弟三人同父不同毋

五　春　国学成名光耀其身

六　世　国学栄身見于此年

七　廿　海棠初帶雨紅涓点欄杆

八　甚　門前榆柳已成蹊綠蔭王孫襯馬蹄

九　卤　丧門相照防有哭泣之哀

主夏　田土交争兄弟轉成仇敵

一　六千一百零九　看水東流付之往事
二　卅一　杏花深處裡折取一枝来
三　四十六　是命相親遇貴人北山猿哭易成人
四　幸有賢郎成鼎志晚来享福樂餘年
五　廿五　梆架初晴珠簾点雪
六　七十七　作事漫消停重雲蔽日悶沉沉
七　双生之子一死一生
八　衣食最艱辛生涯猛浪度青春
九　福履綏之子孫昌
十　三百十二　八十三　和風日暖俄然風起雷声

一 卉 鬼伏床頭玉災相觸

二 一生維紹祖業隆安然享福保其終

三 路旁梅花如楊妃之美貌

四 [illegible] 南山松栢有些寒之心

五 [illegible] 太陽東昇陰氣潛消

六 [illegible] 病符相照勢如黃葉迎風

七 [illegible] 赤兔黑鳥家室有忌

八 以忠厚待人人偏相悔

九 一生近貴名利皆有

[illegible] 干 数該生子

一 雅意起青雲幼運为寒士

二 圭 行到此年数已尽矣

三 [illegible] 幽閒無事納禎祥幾朵梅花朴鼻香

四 知君寿数最高一百还有多

五 芘 喜之未安憂之又隨

六 [illegible] 福自天来事不求而自合

七 艽 掘井九仞而不及泉

八 立世剛而好古一言逆而不容

九 臨風回首攬書三嘆

[illegible] [illegible] 凶神來覚居安当以慮危

一 四十八七 行丁有刀鑿路可通泰

二 湘江雁陣一隻先投入網羅

三 六十六五 楊柳漸逢春色暖松稍不怕雪霜寒

四 辛苦経商途中遇兩有貴人扶

五 六害三刑命相觸頭男長女須防哭

六 少年吉利中途蹉跎

七 三五三 莫遊盤盂之中不正苟合

八 兄在東時弟在西

九 廿六五 流年順境家室晉慶

三百十 四十八七 一週無不過流年順遂

一　卌四三　月照樓臺及時行樂
二　臨事慷慨喜氣融和
三　卌四三　行邁靡匕載馳載驅
四　三堂情疎六亲意絶
五　八六五　黃花開徧晚莭有栄
六　走遍他鄉难逢一遇
七　十四三　春風入戸棠梨上苍苔
八　三五三　豐年可樂業稳足断無憂
九　廿　枕席之畔不測哭来
三十三　湘江雁陣二隻先伤

子集

一　四子送老皆庶所出

二　辛　貴人指引在重山重山之外得黃金

三　湘江雁陣三隻先傷

四　生涯半世一虛名奔走徒勞費精神

五　罡　別境鳥啼益人岑寂

六　垂　腐草之餘復榮之茂

七　湘江雁陣四隻先傷

八　铳　抱子挈孫足優問而多福

九　卅　其年惡曜相侵直遭橫禍

十一　吾　授任之年

一 五八七 催官星拱照恩自九重來

二 廿四三 其年運自亨兩潤春花見清明

三 六九 老年生子人之大幸

四 六十五九 擁炉圍火暖氣薰人

五 世 其年灾禍相纏难以喜色

六 夔龍偉度奎璧奇姿

七 其卅 悲似喜〻似悲

八 八六五 寒暖無常持其動靜

九 勿以有女見嫌数中原無子息

三章 夢之未醒尚在顛倒之鄉

一 共 三阳初動梅花幾点綻寒英

二 莽 入事称心圖謀得合

三 垂 鄉科及第

四 罷 荣身之年

五 之子于归有夆無声允矣君子展也大成

六 湘江雁陣五只先伤

七 卅三 貫索相争是非有日

八 亝 謀事得合

九 反被小利相纏終身不得揚眉

亖亭 五亖四三 点灯当中以朴其烟

一　　生不逢時日壯年幾經桎析
二　罕　陸地行舟最難用力
三　　一生幾成幾敗幸餘筋骨
四　兲　大數已停一樽美酒送行程
五　　五更鴉唱早姓字達天聰
六　叁六五　涸澤鮒魚涵咏升斗之水
七　丗二一　室中伏火猶噬鼠而能焇
八　丗二一　抱千里之才終朝一遇
九　罡六五　泊然守困不以得失動心
三百四十　和悅處眾內外皆稱

一 垄 流年不寧父死淚沾衿
二 芢 高山虎變君子得志之時
三 罜 斯年災星难免幸得陰功可保
四 卌 白玉投于泥沙未得珪璋之選
五 抗 浮雲到日其光漸掩
六 犯 仕途恐有変奔止还当慎重
七 能酒能詩性最豪將來事業付兒曹
八 狠猛一生名利無成
九 垄 事業重閑鎖進退兩未可
亖覽 虽得祖業中途消耗

一　仝　數該生子天賜老人
二　　　奴僕成行前生所注
三　罡　其年該破財官非口舌逼人来
四　　　非儒又非吏須跡爲活計
五　芲　憑高之処有驚恐得個貴人来梢引
六　䒠　山岡轉過尚有岐途
七　𦱊　踪跡莫蹉跎攸往可招非
八　　　奴婢成行其人有緣
九　　　得上貴之提挈可力図其大用
卅　廿　孝服之憂闔門哭也

一　身入宮門可以謀衣食
二　朝東暮西年来辛苦强支持
三　老于鴟窓之下白手費吟哦
四　仕途变幻流年不寧
五　数有十子送老一枝
六　学多成少心雜不一
七　大運轉生福来無地
八　傍貴成家触貴禍侵
九　罡　其年病符相照切忌浮災
壽　花　阳和美景春色逼人

三百卅

一 卅五六 到処姿情容易投春風車馬易追求

二 不為棟上君子定作屈下小人

三 罒六七 智術能巧弄巧反成拙

四 五十罒九 羞澁一文錢巴巴急急度流年

五 卅六七 文運已亨其人已進程

六 人情好合偏千疏处得相親

七 罒六七 踪跡若浮萍動止總無定

八 天四到命數注成家無本生理

九 三六五 一片江帆千里暮雲

四些有灾飲食慎重

一　終身飄蕩恨無家牛背羊頭日轉斜

二　廿六五　花開不結子風雨又相催

三　廿二　時不來由所爲進退由已差錯

四　動輙有謗不合于斯世

五　天生聰明過目成誦

六　文章觀上国应知帝座徹金運

七　廿八　從政治民萬姓謳歌

八　一妻又妾又一妻三度見佳期

九　根基无定早年風捲楊花

壬三章四八七　慎之慎之是非难免

一 [illegible] 禹門雷風動波浪起龍吟

二 [illegible] 一点灯花报喜来遊入騎馬到阳台

三 [illegible] 紫微星照特加敕命之荣

四 頭面有虧前生蘖根

五 [illegible] 血刃交加膿瘡之灾有時

六 [illegible] 雲破月生光还被雲遮掩

七 [illegible] 凶神相有欺吉神相扶持

八 貴显高門得祖宗之遺荫

九 [illegible] 花將開時雨水妬縱栄而不茂

[illegible] 名進實門半甘半苦度平生

一 名進黌門半甘半苦于鄉井
二 積多金千子孫不如積寸心以延寿
三 有弥机遠慮每多作而敢為
四 早喪厥慈可奈何蓼莪三復泪滂沱
五 天羅地網切忌橫禍之灾
六 歷辛苦六親骨肉総無緣
七 龍吟虎嘯大魁天下
八 罷 暮否朝泰生計無凴
九 花 庭前芳草正萋萋一夜飛霜花色萎
畢 功名蹭蹬見犬而吐氣

一　艽　半夜殘灯鬼怪現形

二　亞　一週二些有関津病晦相侵有一驚

三　花　桃李以爭妍春風峭寒

四　奎　風折椿枝三年泣血

五　芔=　秦楚不和兵連禍結

六　罡　鄉科及第

七　垩　周道如厎可無爭挫之虞

八　夾　涉山大澤有伏蛇盼附行人仔細心

九　終身奔馳財源消去

十　茾　鴉鳴山谷接踵官非

一　不作生涯不耕田还從筆裡度流年

二　廿　花遇阳春爭秀色人逢美景益精神

三　[illegible]　際遇蹉跎莫問天还從筆裡度流年

四　[illegible]　薏苡被謗不可不退

五　苗　三春柳絮風滌画堂

六　[illegible]　一步一回頭恐有差錯

七　命有九子得以送老

八　[illegible]　家室夫有安两眉正交攢

九　[illegible]　禍患不可測不但人嗔且有鬼嘖

覃　妻早子早人生最妙此境

一 壵 客阻関山寂寞風雨

二 永年招妻前生注定

三 亘 世上难逢百歲人如今百歲有三春

四 雁陣同飛忽然失去王隻

五 𡘋 囊中有物宜收拾暗有群邪合伴謀

六 㚕 人事緩相求黃河水送流

七 大 月轉西边五更天子規啼処不堪聞

八 鞏上下兩江鎖鑰奠东南半壁金湯

九 罡 人事分々鵲噪鴉鳴

十 㚕 曉烟遮柳遠近朦朧

一 真假六子四子送老

二 锍 疾風暴雨傾墻及室

三 真假五子三子送老

四 𡘯 労〻碌〻度流年已得安閑口叉斜

五 𠱠 山坡曲徑処到処有人家

六 𦬰 南山風雨过煩熱消除爽氣來

七 艹 眉頭交蹙心事不足

八 以貢而授戢栄祿高迁

九 数定三公貴恩奉九重来

壹覽 長逢躑躅朝入燕来暮入秦

一 罒八七 一村又一村前村未有可停驂

二 卌六五 灾星相侵門庭鬧乱

三 卌六五 築之東墻傾之西壁

四 数有偏枯妻当目不明

五 卌罒三 思患預防乃克有濟

六 卌罒三 買臣賣薪而行歌豈其才幹未可試用

七 卄罒三 水穷之処坐看雲生

八 罒八七 大倉之粟鼠雀耗之

九 卄三一 不入泮林定列辟雍

十 卄六七 科名顯達定列文場

一 卌九 官非相侵閑戶也难禁
二 三六五 五湖水順江水順好行舟
三 四六七 財帛陞發勃不可遏
四 五六五 一門和氣藹陽春祥光拱戶幾色雲
五 四三 數該生子
六 好性仁慈助夫益子
七 八六五 糞土之墻強塗硃外面光華內裡腐
八 六四七 少樂多憂常処不足
九 四三 禍患逼人幸有解神
壽 八六五 桑榆晚景常享安舒

一 卄一 一峯冠群英名著当今
二 四二 聚散無常如浮雲之飄蕩
三 七三 蘭琴金釵十二行金田艮土福無疆
四 徒第二人一人送老
五 五二 儔渠淤港冲起又流通
六 六七 梅花殘片苦為情夢斷孤山起土魂
七 四三 八千幽谷進而倍暗
八 卄一 牡丹正当時蔀好鹿鳴宴上又簪花
九 傲物氣高順待下而逆上
一千 八一 数該生子

子集

一　卆八九　黄菊東籬正色芳俄然一朵却秋霜

二　晨昏相伴砵中道樂得清閒一位禪

三　卌九　枯苗得雨勃然而興

四　卆　古稀榮任天癸善人

五　卆四九　七里灘頭一釣翁幾經苦雨幾經風

六　三十　荷葉蕩々圓々後碎復圓

七　妻子皆早人生大幸

八　八毛　功亢不退被之戮辱

九　卆四九　舟在中流帆帨順風轉悠々

三百四十　六五　好夢初醒報喜又報晴

一　　其人之亡定在三月
二　罒八七　子規啼血樓頭鼓打三更
三　廿八七　謀事乖离東轉西馳
四　　兄弟十人数有五貴
五　　一輪紅日下西山遠出王人尙未还
六　五四千九　馬首載書馳驟千里
七　廿八七　楊花成陣〻点〻着人衣
八　廿九　明月轉東楼朱衣暗点頭
九　十十六五　崎嶇已歷尽今已見亨通
一吾皁　三五六五　千里暮雲遑〻莫問津

一　五十　好花枝落結子簡边

二　五三　命当短促徒增父母之悲

三　蔭父祖基業不止守成

四　麟兒生下中無刑尅之傷

五　五二　三徑黃花落渊明解印時

六　四三　関上黃鳥出巳迁喬木

七　四二　懿哉蔭澤之博施

八　少年壯而老縱死安間之日

九　心性虽急而流毒

尋　六五　東風入西堂和氣生滿室

一　品優性氣事难决断

二　兲　花色更新春色幾時

三　罡　幾番雨打柳花毬一陣風吹上舞楼

四　仝　月照楼台及時行樂

三　茾　愁匕悶匕多人离人恨

六　其人性急而雄躁能扶弱而抑强

七　兄弟三人先損其二

八　坴　日照桑榆其人犹足三千里

九　罡五　晦氣侵人朦朧度日

亖　夳　步匕回頭坎可力过

一　芲　憂之復喜得意失意

二　自少壯而老發積無窮

三　大數已盡發福無窮

四　罜　蓉菊初開晚露始落

五　兄弟三人數有一貴

六　平　家室康寧流年之慶

七　莫嫌花色淡更有黃花晚節香

八　苷　夾岓花殘春欲盡愁人寂寞倚欄杆

九　數至太史官至修撰未遷

壹　苣　始舍圉〻困而未縱

一　十八　既乘其時可以有為
二　經營湖海僅至千金
三　兄弟四人二死非命
四　十一　欲上高樓未有梯不能奔步上扳躋
五　三十五　路当坦途可以安步
六　六十　花開尽矣
七　杀重身輕須延其寿
八　妾生三子妻生一兒
九　九十　紗边鷗鳥相與忘机
三千四百九十　鳶柀視草官至侍讀荣身

一　芏　利見大人無往不利

二　　　手足枯据争奈不求人

三　茳　且將心事付虛縱有强梁不用憂

四　罜　其年有刑傷骨月嘆妻凉

五　垄　老來喪子人之不幸

六　尭　東籬黃菊正芳相看白衣送酒归

七　亩　根淺樹狂風吹

八　罿　班師相慶人民誦西平之子

九　　　兄弟三人数奏幾般音

覔　茜　枯木逢春枯枝発榮

一 [illegible] 欽命典試

二 兄弟七八数有三貴

三 [illegible] 道路崎嶇行人不辨東西

四 早運沉淹志未伸縱尔才大也难成

五 [illegible] 春花開時錦叢叢天月晴和人意濃

六 [illegible] 其年有孝瓜多慼在眉頭

七 [illegible] 鬼伏前途朝暮仔細

八 [illegible] 夢兆豕鴻宫祿高權

九 [illegible] 一道恩光下九重封侯庙食立奇功

[illegible] [illegible] 扶杖過危橋心幾恐毀

一　　秋峻春常卿月照廊廟之彩

二　丗　麟経第一鳳翥無双

三　㚘　身冐矢石險阻無虞

四　廿　克享皇家之祿永慕黎庶之憂

五　　祖宗之業不守子孫之基有玷

六　㚘　楊花朴面三年泣血守親幃

七　　秩秉三耒

八　　兄弟九人樂奏幾般音

九　　天授衡士尸之司命

壽　丗　老虎無牙得解神解脫

一　自生一子妾生一兒

二　罡　思難圖易事巧有濟

三　權重天開山高日寺

四　卅三　萬里晴空天開眼目

五　殘花能結子無弗又嫌遲

六　卅五　龍吟蒼海雲起便飛騰

七　文星守命官至侍讀榮身

八　至　渡江風正好歡聚趁湖來

九　廿二　流年駁雜是非多三番四覆

再　百九　到老有精神黃花晚節新

一〓 事乖似花枝零落東風裡
二〓 名利两悠々春去又復秋
三 營謀董墨到公門業熟讀蕭曹有異名
四 課雨問晴茅簷偃可逍遙
五〓 可恨灾星不可逃阴阳從忽度禍相遭
六〓 不見舟人未有來大江風雨船難開
七〓 幃幄從容韶光明媚
八〓 田園豐阜家室康寧
九〓 頭生两角事多差錯
〓〓 官至布政恩沐萬民

一　卄四三　武曲炤命弓馬入泮喜又生兒
二　十六　涼風吹葉落飄飄在墻角
三　卄九　少年登科弟皇都得意間
四　五　中饋人亡未免寂寞
五　兄弟二人秦楚干戈
六　四四三　底慎財賦束兵而愛民
七　卄六五　屈賈誼于長沙时之未遇
八　十一　雨中荷葉風到珠落
九　四四三　櫪中有馬宜收拾一走長征去路遥
十　三百二十五　二千　葭萱甚灰功名取之而反掌

一　勛齊宗伯皇風揚孔樂之輝
二　兄弟三人数当尽貴
三　蕣　点灯相炤往来大道
四　㽞　仁声四達昭于羣生
五　㐆　父巳尽数泣血三年
六　以孝入而授任爵祿荣迁
七　茋　財利有餘事ヒ淂意
八　百辟仰提衡之任一人秉資抽之司
九　兄弟四人本奏幾般音
一壬五亘　数有五子三子送老

一　槐棘升華勾盧正位

二　⿱罒⿰八五　南園春老桃李無顏

三　⿱罒⿰八七　上下得和同家門喜氣和

四　⿱艹⿰四三　巴巴急急爭個度過日

五　⿱五⿰四三　明月照前堤旦來露濕衣

六　幾宗天符星尚宝寺卿戠

七　至　大限已停盧医之藥也难灵

八　⿱艹⿰八五　一輪明月出扶桑瑞氣盈匕照西堂

九　⿱艹⿰六七　老景安康相看強健

十　⿱罒三　勾索相送交爭擾害

一　　姊妹二人先損一丁

二　六三　將軍之箭最難当此些身便亡

三　廿四三　富有千鍾更添好景

四　廿六五　東轉西行是山蹊得遇樵人指路迷

五　　婚姻早配琴瑟未离絃

六　卌二　披麻無情姑命当傾

七　廿三一　無荣無辱斯爲多福

八　廿六五　凉風巳近一解煩焦尽生輝

九　五四九　数应行使官至行人之戢

十　卌二　披麻相侵晦氣無情

一 桐葉初落秋色似動

二 茁 退思有得進則有失

三 博古通今官至有司之職

四 罡 失尾却曉群鬼見之却走

五 以異路而選照磨數前定

六 罳 薏苡被謗仕途有阻抑之非

七 伞 幾点寒星明匕復臧

八 艽 五行無駁雜一舉冠群英

九 久膺簪珥之班益峻梅羹之望

壹卆 富有千鍾安享無窮

一 二四三 一覔得金鱗捲釣絲江頭月落醉眠時

二 十六九 楊花朴面泣血三年

三 一病相侵半身晦氣

四 六七 方懋厥德天與榮身

五 老來無子以族子為兒

六 二十九 六害無情骨月有刑

七 三十二 名進黌宮弓馬入泮

八 數定贊画官至五府察院經歷榮遷

九 父死于水欲見無由

手覓 得外來之財因而起家

一　十八七　柳絮搖新綠夾岸曉烟收卦主平穩

二　十十八五　柳花帶雪滿園開

三　卉　双掛珠絲洞房花燭

四　数定貧酉官至都察院照磨葉陞

五　其人之亡定在正月

六　十十八七　上高再看無边景色

七　廿八七　披帝相侵口舌交爭

八　十八　生子之年

九　十十八　寿数將滿百竟作天仙客

一百章　四九五十　鑿井得泉亦能解渴

一　六九七十　松栢有常耐些寒不改

二　尊至九重之上萬些称呼

三　四九五十　阴暗不分晚有暑色

四　十六五　桃花五千樹錦色君綿匕

五　文運天開占科名高第

六　一二週年应有灾雾色尨雲迷

七　数有二子得以送老

八　卅二　演武及第

九　兄弟五人秦楚不同盟

十算　四九五十　緣萌娑娑行人喘息未安舒

一　艹六七　鬼怪出世破財多失
二　　數有六子送老得二
三　艹四三　有高山之調時未遇子期
四　　數至貴西堂官至都察院檢討榮廷
五　艹四三　朝霞佈錦西堂彩色交加
六　　三代遺民不復多見
七　　命帶刑傷剋夫無子
八　丟五　門前柳色報芳菲裘馬翩翩踏紫微
九　艹四三　緑木求魚難得其利
丟鼎　垩　數該生子

一 耳順之年晚景奇皇都得意在春闈

二 卒 官至都堂位高爵厚

三 只一女人女中丈夫

四 圭 大限如何逍遥門外之欢

五 兄弟六人数有五貴

六 春风八戶来和氣暢人家

七 卅九 四十 烟鎖池堂柳陰暗迷人走

八 罢 曲道推車進退两难

九 四七 四八 宿雨初收春山潤色

丟阜 卅三 卅四 東风解凍依旧春色

一 罡 周公被流言底慎忍慎而退避

二 坓 魚化爲龍慶雲相從

三 瞽一目跛一足前生孽報

四 荚 枝頭鵂鳥可以退避

五 𠀤 其年悪曜攻身当有悪報

六 𡋯 晚来風緊花枝披离

七 𡉞 春酒今朝热欣然醉北鄰

八 卅二 是匕非匕旁人講禍机

九 𡍖 芙蓉金菊正秋容雅淡村庄樂意濃

兲辜 兄弟六八中斷惜离群

秘訣三卷一　三

一　疎反親々反復親命有羊刃

二　溺愛不明把兄弟明爭

三　卌九　其年禍侵無常祇傘多鬩

四　廿八七　五十鑾丹嶂把蜀巳通秦

五

六　天官首卿班列太宰

七　十五　病符星照命數定獲纏綿

八　四八七　克寛克明佈仁彰信于兆民

九　柔而無斷釀家門之陰禍

壬卑　文昌爲八座職列中台

一　　青灯自守命犯孤神
二　四十二　生子之年
三　　妻生一子妾生二兒
四　三十　一日不利再日蹙滯
五　　簡在宸裡擢命銓部
六　八十七　明月釣嫦娥清風洒淚多
七　六十五十九　不必問行藏老運不安康
八　卅二　家業興隆運至時通
九　四十一　寿比顏回多一句
三十二章　四十三　病符逼人恍惚憂驚

子表

一　　數难回頭実定一銓

二　[illegible]　喪門照命当有哭泣之哀

三　[illegible]　宝鏡未磨滯中有明

四　[illegible]　勿以輕舟度海易旁人先戒颶凮号

五　　一卷青囊普照萬家風雨

六　[illegible]　黃甲傳宣春闈奏捷

七　[illegible]　或泣或歌室中伏禍

八　　心忙身劳祗見兒女情長

九　　姻缘奇配夫歩青雲

[illegible]　寒毡冷落幾黃昏風雨滿匕早閉門

一　分有嫡母我生是庶
二　一芫　馬上危坡前有所阻
三　君不鎖櫂進銓曹
四　一一三　涼風初動帶王台煩熱消除爽氣來
五　一芫九　已知其足自然無辱
六　一一六　眉端不掛煩惱安舒自如
七　分有嫡母我生継母
八　一一一五　閉塞其戶四壁有光
九　一四三　命照武曲弓馬入泮
一一七九　崇天朝肴客之府階元老掘樞之任

秘訣天機

一 [illegible] 冠裳还是旧冠裳龍虎相逢姓字香

二 [illegible] 人生亦幸老年喪歿

三 [illegible] 求之必得〻之必失

四 [illegible] 道洽正治澤潤萬民

五 近貴不如近帝好慘心無如道心高

六 [illegible] 若問功名国学翺翔

七 [illegible] 如何塞比独無春二月中旬草不生

八 [illegible] 阴極一阳天暗还轉

九 [illegible] 解印荣归平安之福

宅覓 官拜巡按荣归画堂

一 卋 峽中易可渡湎湧有奔泉

二 不因人依傍頗有晉月

三 罡 兀然守于杳中無爲之時

四 莽 枯木逢春再特達

五 命主刑夫應作妾室

六 弄 相如病于金馬際会佳期

七 𥙷 吉凶並主

八 兄弟二人秦楚不同盟

九 罡 昔年弹鋏食無魚今年弹鋏出有車

𠦂 羣 外物不可必听之斯有得

一 卒 大開軒窓高下八方

二 銑 壘断其路往来不通

三 春 反復文反復或時咲或時哭

四 ⿱大⿱十五 呑陷與亡神併力相侵擾

五 共 海棠沾露泪湿紅粘

六 花 先生不是令塵人龍躍于淵屈可伸

七 ⿰禾先 胆大如股破家之禍

八 ⿱罒化 鳥在簷前啼謀爲事〻宜

九 ⿱大六 高堂椿樹正扶蘇不料狂風吹折枝

十 ⿱卄⿱大五 旣乘其時当有其用

一 罜 屡進屡退事多反覆

二 壵 可恨姻緣不到頭這年應有斷絃憂

三 丗 玉洞梅花含咲春風挫

四 㚢 雲迩峰烦黑山雜樹頭高

五 㚏 仕途还有变奔止当慎重

六 坴 南河夢入華胥国憶昔英雄咲語中

七 堇 時運不通謀事掣時

八 𦬒 玉輪光滿室十月有清寒

九 数該老蚌生珠天之报德不爽

十 天解有情縱然官訟而無害

一 圭 人事有恍惚朝夕有憂疑

二 自在公門心在道多逢吉慶少逢凶

三 奩 劳神劳形僅能糊口

四 湧涛設釣幾千頃刻自招非

五 和悅近人到処多相合

六 罡 運未反交只好悠悠堅守

七 性急不容多好勝

八 垩 風動時雍萬姓頌悅康之治

九 補授行人之職

三阜 仐 逸而有終当延年而讓步

一 芒 災生不息晦氣纏綿

二 茁 牡丹開向春園姿容自別

三 卅九 若藏其用不避猜疑

四 温々恭人惟德之基

五 弄 舟在波浪搖楫者着力

六 花 片帆無恙長江一夕遇春風

七 士 惟山崔嵬馬劣偃病

八 弄 花徑迷秋有蒼苔竹杖相扶仔細來

九 峕 晚烟迷鎖隔江風雨

摹 夻 秋色蘼蕪怯晚涼祇餘黃菊滿庭芳

一　卅二　燕子合垙春正長経營旧巢枉費功
二　　　　以恩扶人反招其怨
三　五八七　夕阳有道行人正在徘徊
四　五四九　江流水势湧旁把釣魚竿
五　卅四三　馬脫其轡車不可行
六　　　　有風火烈性終無成心
七　四三　椿庭一病成回首笑語依稀夢裡逢
八　三八五　乘其机会進取有功
九　卅八　牧牛騁草之地可以享之有餘
十　三十　馬至中途逢坎失足

一　早運淹沉中運通成家立業自興隆
二　耆　行人迷途津回着杳無音
三　坴　南軒新春色彩影人簾鈞三吉兆
四　罡　千里蟾光徹夜明碧空湛匕淨無塵
五　茳　淚流滿面愁積腔怀
六　廿　阴山積雪三丈全無阳氣
七　充　銀灯照復殘掩映照愁怀
八　查得寿元足矣
九　官至黄堂不能高擢
韋　靯　醉鄉祢如其樂莫能為

一　異　有酒盈樽春風一面

二　芏　暖日春回芳草自含生意

三　　　操切太急禍在蕭墻

四　　　旁苦成家晚享佳福

五　　　独行踽踽禦侮無人

六　蓝　守其故田廣已無失

七　壽　人萬花谷中自接不暇

八　罟　南楼杜鵑啼更尽已無声　吉

九　　　真假四子二子送老

壹亘十　光　幾多無了事只很一無當

一		傍個貴人得成家次第分明有好花
二	華	謀事成而又敗不如守拙正為高
三	三千四百	路中有伏蛇虽驚而無害
四		送終一子身帶殘疾
五		兄弟六人數有六貴
六	五千四百九	武陵溪畔有漁郎指引雲衢達仙鄉
七	三千四百三	薏苡被謗难免流言
八	千九百	慶奏嶺関葛藤縛足
九	三千四百	朝饔夕飧克享成福
十		問名無成問利有益

一　卆　其年災晦纏身有犯太歲

二　[illegible]　命途多舛家業消耗

三　[illegible]　夜来風色緊寒氣正愁人

四　[illegible]　順風江上滿楊帆不料江頭有石灘

五　氣順和悅宜其家室

六　賦性仁慈持躬淑慎

七　[illegible]　太阳正東昇江山氣象新

八　神祖扶庇登甲欽点一翰

九　[illegible]　小順大逆從苟全性命

天覓是　切莫問切名費心總無成

一 性稟優柔难以決断

二 侊 拋盤石之安屹然未可動

三 罷 時之未至欲前而却後

四 欽選貢堂太守

五 老 道途正崎嶇行止費躊躇

六 性質高誼何其命宿孤寒

七 心多好勝每特巳而凌人

八 䒦 行舟淺水却費推移

九 𦬇 丹桂一枝開秋風得意回

十 𣪧 草木逢春一村雨足

一　芲　時逢恩星當貫之期

二　茳　蕩漾輕舟順風順水

三　卅　流年駁雜煩惱心难舒

四　罒　車轍滿坭沙轉動多費力

五　罡　夜行舟道坦然無阻

六　森　菱荷香處亭畔可披衿

七　　不從文武科中出命有總督一將官

八　圭　烟波渺〻舟人厭倦

九　雜　守法茱归家声大振

十　壴　一陣輕風南軒爽快

一 三十 此年平々穩々無悅亦無憂

二 三千五 倚樓邀月明掩映至南軒

三 千五九 斗轉星移日出扶桑曜々明

四 三千五 家業千金未可量陶朱堪比

五 不從文武科中出命在營伍大丈夫

六 四千 所謀不合命途多險

七 兄弟十一人樂奏幾般音

八 官居臬司不能高擢

九 三千七 祥光當見吉曜相扶

十 三千 喜偏房之多娶

一 [illegible] 大敎巳尽痛切泪漣匕

二 [illegible] 蕭墻之內睛伏凶神

三 持家之妇姻緣前定

四 垂 解組林下心逸身閒

五 垔 鳥展其翅乘風而南徙

六 耄 有人相欺囊中有天

七 垔 爻死之年

八 [illegible] 当貴之期

九 布政風聞

丟阜 廿 上山多費力有樹可扳枝

一　圭　老年喪父世上難逢
二　丰　雖然妻已死犹晚年間
三　詈　萬里晴空明月一輪
四　栽　水出芙蓉更新鮮鳩鳴喚雨色如烟
五　巽　日之已人山阴道上未曾归
六　平　洞房之喜定在此年
七　　　数有不幸毋適他家
八　茳　明月上初弦其光漸〻圓
九　苙　時逢恩星当貢之期
丟臺　世　杏極未全浮雲益去月朦朧

一 廿三 恩星照命一貢成名

二 五十四十九 半之吉半之凶

三 廿七 行在急流处其舟有破漏

四 四十卅九 一朵名花果出奇疾風妬雨又相催

五 廿六廿五 夢在顛倒得人喚醒

六 廿六廿五 当貢之期

七 廿三一 禹門雷風動波浪起龍吟

八 骨月凋殘可奈何半是窮中半世孤

九 廿六廿五 舟行淺灘午湖正落

十一 四十三 道路有坎坷行人仔細过

一　五六八七　勿謂輕舟易行誰知東折其輻

二　五六三一　月轉初旬缺而漸圓

三　四二一　龍起玉騰会飛騰上九天

四　六八七　呼之輙应天從人願

五　文星照命功名显達

六　六三一　暮夜須防踈失

七　六八七　黄花開晚蔚翠竹茂松林

八　四十　鄉科及第

九　將星照命威鎮三軍

[illegible]　兄弟四人中断惜离群

一　数有九子三子送老

二　圭七　奔走塵埃前高低券意行

三　圭七　高堂之樹正扶蘇不料狂風吹折枝

四　圭七　謀之無不利是暢怀所来

五　廿三　入幽谷中進而倍暗

六　卄九　恩星相照当貢之期

七　卒九　風平浪静恰好行舟

八　三廿　意氣加入忌之牛日之下

九　廾五　福来祐人逢凶大吉

天頁下　廾七　飛霜落瓦聞之凄然

一 [illegible] 霧色似初晴東方彷彿明

二 [illegible] 戎場種根

三 [illegible] 鵾鵬有從翅東風一至便飛昇

四 [illegible] 無意栽花會見上林錦繡

五 [illegible] 老來失妻難免其悲

六 [illegible] 碧桃花下紅雨点羅繻

七 [illegible] 烟塵蔽目人物總糊塗

八 [illegible] 薰風東來和氣滿懷

九 兄弟成群原非一 毋所生神仙難注

十 [illegible] 得意馬蹄踏遍長安春色

一 操守有方奉止不苟

二 [illegible] 萬花如錦繡春色正芳菲

三 [illegible] 夢入南柯不必問遐齡

四 有籠罩古今之才無科甲兩榜之榮

五 此刻乃是貴人妞金年土年夫得

六 [illegible] 此年運小吉凶常相尋

七 功名卜有分逐須自厚培

八 兩亖而亡如花不久

九 [illegible] 花徑陰移恍惚生悲

元覓[illegible] 東边日出西边雨一朝幾度怨無端

一 卉 凄凉苦雨寂寞愁人
二 壽 乍暗乍明雲裡月半開半落雨中花
三 垂 高山嵯峨無門劳卜筮
四 兕 天怨人怨陰陽忿事不遂謀鬼又纏
五 艽 泪痕未乾鏡破殘粧
六 坴 爵位方伯之尊亦是外台極品
七 卌五 東西嶚峭白雲生寒
八 罡 風暖鳥声碎日高花影稜
九 一夫又一夫命裡犯刑孤
十章 垚 厥君救巳尽难留在凾堂

一　圖名推圖利易可卻名而問利

二　一群女行有四人一隻先傷

三 [illegible]　山高水涂虽有舟車不易行

四　詩書未有緣鷄窗白首是窮年

五 [illegible]　数該生子

六 [illegible]　財源滾滾来吉至室中總無灾

七　此刻生人必死矣卦中所注

八 [illegible]　鷗入林中鳥雀見之有恐

九 [illegible]　秋風先有信丹桂一枝傳

[illegible]　兄弟十餘之外方合此卦

一　父母拮据而起其家子孫能守其成

二　銑　身心不快知已送难老

三　罡　房考之年

四　宾　老来有刑伤父母泪两行

五　兄弟十二人数有二貴

六　岔　烟光漸收江山依旧

七　徒弟二人得以送老

八　茁　皇都恩波賜我一貢

九　数有行妾死子非命

十　毳　吉凶並行

一 兲 其年惡曜攻身有犯太歲
二 七十 古稀之年父死真爲古稀
三 兄弟六人數有四貫
四 垂 晝夜平分更饒物色
五 十八七 少年登貢祖宗庇蔭
六 卌九 圓月如環用不窮禍自消除福自降
七 兲 春光佈暖萬物滋榮
八 罷 渠花生水脫却泥淤
九 作事刻苩骨月目側
十 𠀤 暖風遲日正熙春

一 [illegible] 隴頭報消息春色一枝梅

二

三 [illegible] 呼童携行李不必問東君

四 [illegible] 可知朴鼻梅花遠直待戻寒争得来

五 天盲其秀廼英異常

六 有妻生活离緣宿不相宜

七 [illegible] 国学名香

八 [illegible] 疾風怒雷濁浪捲波平

九 [illegible] 新篁始解籜節透便成竿

[illegible] [illegible] 綢繆不少快意無多

秘訣天才

一 [illegible] 皇都得意一貢成名

二 男女総無縁到老艱辛不可言

三 偏不如意多招怨悔

四 [illegible] 芦花明月两悠ヒ一点漁灯古渡頭

五 君問寿元何日止六旬加九是归期

六 [illegible] 秋天月色上下清光

七 [illegible] 風光行處好雲物望中生

八 此刻生人父先亡于木年方合此卦

九 [illegible] 畚虎于墻見者有驚而無實害

[illegible] 兄弟十人秦楚不同盟

一　车　壽元七旬大数已尽

二　芔　暗中行路無人点火相助

三　芒　小舟水上行轉換一帆風

四　罡　豈是聦明累讓人謀之左右恨無憑

五　兄弟六人樂奏幾般音

六　托祖宗之業可以守成

七　親　前路崎嶇未可行不如守拙且消停

八　寿元何日止七旬加五是归期

九　登　竹風揺履鳥花露賦衣裳

章　罡　無端風雨到南楼惟有紅粧落仕秋

一 補授評事清安之職

二 兕 華堂日暖花錦叢多

三 三止三逢杀神提携須防忌

四 若問寿元何日止六旬加五是归期

五 茎 哀哉母親何以長逝

六 当有七母之称

七 経营千里地馬足遍黄金

八 双目朦朧前生注定

九 圭 梨花風陣陣片片白雪飛

丟亰卆 兩耳雖有竟不全隨人說短與談長

一　其人之亡定在三月

二　寿元何日止六旬加六是旦期

三　淑人君子其德不回

四　蓷　滿招損謙受益

五　命途多蹇家業少聚多散

六　葚　君子約要有文明之象

七　莽　板桥滑湿行人有戒

八　芃　小宋虚熊羆二子可得

九　本是明家雲路客暫守青毡度些時

丟卑　垄　日照桑榆馬足犹堪三千里

一 丟 苦雨連宵淒涼之象

二 臨事能任其性急躁

三 托祖宗之德而授月總之耽

四 舂 少年登貢人生大幸

五 㭁 紅鸞相照喜盈門

六 亖 母命病入膏肓扁鵲醫不起

七 卋 山高盡處轉之路通

八 廿 當貢之期

九 罴 知命少一年大限入黃泉

三是 𡍮 大數已盡矣

一 斯年有小利未可大營謀

二 好物不牢堅固難用久 邵子日尽、數

三 有餘不足守甲爲高

四 人総一名各出一姓

五 [illegible] 若能守中正僅可免灾憂

六 [illegible] 口舌嘵嘵不听爲高

七 [illegible] 戒之在得安分听命

八 [illegible] 衣食不閑心克享其家

九 [illegible] 人事有不足月月有盈虧

三千〇十 [illegible] 好事逢人行吉利又相從

一　　母腹結双子我生並蔕蓮

二　　先日賀麟祥誰知一旦亡

三　奚　子入翰林恩承誥命

四　卣　其年萱花落難免泣血悲

五

六　　添新縱喜生旧可悲

七　乇　是年泮水之遊芹香可美

八　乇　先娶未有子再娶降麟祥

九　畐　北堂萱草萎孝也何辞

亥辛

一　三五　如臨深淵如履薄冰
二　　數中不当招祖業縱然富貴也消磨
三　四五　十分春色東風驟峭生寒
四　四四五　兩阻前途未可行曉開霽色道光明
五　廿七　石上有台君宜謹慎不然多災
六　卅卅　莫求难滯運未通時
七　四四二　錦色瑞氣洋溢管絃
八　　子息虽有盖少損多數犯天刑
九　　田園君置虽然有斡蠱如君有几人
三十　千　身赴琼林名登黄甲

一　幸後母之相依稍釋泣血之悲

二　[illegible]　啾々唧々四壁寒蛩飛

三　家辟四壁不知貧各自分飛宿荆林

四　[illegible]　鵲噪南樓頭々報喜

五　[illegible]　逆水行舟前後徘徊

六　[illegible]　驅飢雁而獵兎有彼無我

七　月老傳書妻配三旬

八　[illegible]　人心如此如此天理未然未然

九　五子合土木之納音六子合金水之年方合

[illegible]　紅色剝落春色白鹿

一　圭　守旧吉妄動凶

二　丗　思鮒得魴未如所願

三　共　進士及第

四　兲　春江水漲舟虽重而順流

五　妻配二旬餘配未遲

六　父作子述家声大振

七　干　少年金榜掛名時

八　杢　天地有不足人亦如之

九　芢　一暴十寒既望之月光漸少

亖幸　芢　少年無災瘴平安之福

鐵板神數　丑集

一　垔　今時还是旧時人人事如今又一新

二　　父母生于水年終于土年方合此刻

三　茈　行止非人所能造物还須有主

四　卒兗　連年不如意老運享平安

五　畾　喜鵲營巢久鳩居却有迁

六　老　平安二字不必問行藏

七　䒤　享平安之福克享其成

八

九　罜　常憶故園惟自嘆將何魚雁寄流离

三百卆　畄　福自適人平安之吉

一 卌三 烟霞晓未收江頭未可試魚鈎

二 兄弟三人俱叨荣貴

三 卅先 恍〻惚〻不但人嗔且有鬼嘖

四 罡 雲行雨施品物流形

五 茈 先甲三日幸乃吉後甲三日幸乃昌

六 共去 日暢日燠庶草蕃蕪

七 辛兄 田翁乃積豐稔〻不枉春犁帶雨耕

八 父母生于水年終于水年合納音方合此刻

九 兄弟四人俱叨荣耀

十 甲先 小宋麃熊占二子当先

一 艽四甲 是匕非匕支持度日

二 叠匕重匕刑尔室四旬遲配得和諧

三

四 願言孔孟師青雲有期

五 納粟得成名馬足安蹈錦園

六 艽 鄉科及第

七 妻命屬水生木年娶妻方合

八 羅 入皇都之市金紫如錦

九

三七卆 六五 蜃氣楼台空中望楼閣自光輝

一

二 卅 生子之年

三 毳 听流泉石壁下水流如怒

四 官至知縣不爲五斗米而折腰

五 命照文昌大魁天下

六 茈 任守口瓶嘴無意之中舌生

七 罍 皎然大旱沛然下雨

八 𠁩 運至時行知君獲慶

九 生有善緣胎內食素

辛卆 𦍌 長河有意流一息千里

一 壵 課雨問晴天意及時行樂

二 毋先故千土年方合此刻

三 公正有餘為一方之表率

四 好成人之事偏惹是非多

五 茈 八夜秋声愁人离緒

六 命帶羊刃救住五旬配妻

七 半步顛連未有成南園種柳北園與

八 毳 房考之年

九 父母生于木年終于金年合納意

圭是 孤雁一隻歷過南樓

一 壵 多啾唧哭祿〻疾病撓相促

二 莁 龍德吉星高炎星並磨

三 哭 朝三暮四急忙〻度流年

四 丗 努惌相对正是萬難時

五

六 共 閑門相守可無虞

七 嵩 不幸良人先棄世空餘艮烛伴黄昏

八 数枉郎官天上客風吹金帯射蘭香

九 其人數尽定在八月

章 芒 寒犬吠明月空自費精神

一 奔盍 白虎当頭有一驚面頭及早把門閉

二 高蓋 無灾又無害老景得安閑

三 卒兒 心中有事難言逢人強為欢笑

四 至辷 行到水湾处摇掉舟子呼

五 萿 聞不聞見不見暗中須防人放箭

六 其人之亡定在八月

七 耋 鳳失其凰悲也伤妻

八 父金命先死于火年母木命後死于金年

九 詩書縱習步青雲命無科甲两榜荣

三卄 十九 縱有棟樑未得工師之選

一　父母全日而生不足姻緣死也姻緣

二　[illegible]　名登金榜

三　數注辟雍成名早椿萱並茂享榮華

四　[illegible]　反咲伏吟骨月相刑

五　[illegible]　其年喪門相照当有哭泣之哀

六　母先故于水年父生年屬金方合此刻

七　[illegible]　母故之年自嘆何恃

八　内助不相和獅吼是非多

九　[illegible]　取此東風便扁舟渡萬山

[illegible]　[illegible]　犬生两口任君詳之

一　卌三　人不遂黄金黄金轉遂人

二　卅二　相照有喪門衣裳白一番

三　廿三　並蒂双蓮出奇開兩朵開

四　于橐于囊田庄富々腴

五　三塲未幸登科甲一貢承恩可牧民

六　廿一　圖得東来缺西西还是君家運未有

七　此刻注定入青雲土年入泮金年中奎

八　卌三　終日乾々久惕若厲无咎

九　双亲俱去世毋先辞別父难留

壬辰　再任黄堂数皆前定

一　補授照磨数由前定
二　四十五　男通得失皆前定何必怨天又尤人
三　木年毋先終大合此刻
四
五　官至欽命知縣数由前定
六　窺見室家之好牢拴穴隙之情
七　二十四　小車無軏其何以行
八　子產三丁樂奏幾般音
九　二十二　祿馬榮華得階入座之榮
三千一百　四十五　木欣ヒ而向榮春光明媚

一 毳 已酉之年武魁及第

二 毳 人事無求安然自優

三 思难圖易事方有濟

四 其人之亡定在七月

五 圭 大些当頭災星不减病相纏

六 丗 患病不可測不但人嗔且有鬼

七 兄弟四人数有三貴

八 木年火年俱生子無損

九 噐 陟岵興嗟趋庭之訓缺父死

亖阜 亲 福德相扶官職高

一　　江山新雨遍人在錦叢中

二　卅艽　八春猶是無多日寒氣侵人未及回

三　　母先故千木年父尚犹茂

四　甲　滂沱風緊莫仔舟躍馬檀溪到豫州

五　　廬生結局

六　　兄弟七人秦楚不全盟

七　茥　破巢之禍

八　𠷎　奔走東西未有定勞勞碌碌不安寧

九　垩　鄉科及第

亖皁　壵　鴆飛冥冥唉藪澤之弋人

一 十一 不利不利時運未至
二 金年毋先終方合此刻
三
四 初任百総
五 六十二 經之營之忙度三月
六 丙戌之年鄉科及第
七 不正而正桃花谢開復存艮
八 此數生来格局奇明經出仕耀門楣
九 耆碩重望寵錫賀筵

一　廿土　積得黃金霜雪裏太阳一照漸消磨

二　去　嫩州霜欺倏然変色

三　兄弟七八樂奏幾般音

四　苗　惟振東君駕若囬落花流水両相催

五　苗　掘井望泉未解其渴

六　五十兕　多晦又多憂常蹙在眉頭

七　中運恢復正中自立

八　丟毛　厭見江雨未曾收朦朧一渡過前年吉

九　啇三　春沵桃李到処成

三千百卒　兄弟九人数有一貴

一　性如烈火偏不讓强

二　[illegible]　細雨薰風惟解煩囂之氣

三　一点丹青巧得真能垂不朽付名人

四　有士子之聀無甲第之榮

五　補授博士之聀

六　丗　千里馬未逢伯樂双龍劍难遇張華

七　[illegible]　热晦天氣微雨度阴雲

八　[illegible]　旭日昇林会見太阴是象

九　[illegible]　欽命典試

[illegible]　[illegible]　宝玉発祥光彩良馬伯樂逢

一 鑿井耕田有先民之樂趣

二 至 愁之復憂牧羊山陬

三 坴 帝裡風光三月新

四 兕 脫却机関又当蹉跎

五 齒德俱尊賓筵藉重

六 每以躁急招悔不思省悟

七 卒 謝却病來愁不纏几回不敢向人言

八 蓋 南山爽氣欲挹衿悻鬼持戈正逐人

九

章 三二 孤鴻帶月影波漓南北東西未有依

一　蕐　活計漫無凴山高水又沵

二　卆　骨肉凋殘人事难泪痕洒竹染成斑

三　亖　童年一二些春光满眼濃

四　茁　春光满面一腔啾唧自家知

五　卋　奎星初照一牵援前茅

六　卒　惆悵多逆風掾揖者着力

七　四宫見孛損多損少結實一枝

八　𦉭　燕子双双繞画堂春風幾度斷肝腸

九　共　馬陷沙中躍之不起

十　圭　次第春風上死紅

一 甲卆 行人不知馬头其足
二 圭 秋分交錯水流花落
三 花 日中雲中掩風捲見晴空
四 𡈽 天時人事喜相逢不成之処也成功
五 其人寿絶定在五月
六 罡 一年又一年顛倒不知前
七 分有嫡母生母継母
八 𦱤 掙得家業無恙身遭心多磨障
九 有妻若無妻其实靠著妻
𠦃鼎 𠀋 池塘新雨温春水漾金鱗

一 卌九 求之十九成之十一

二 芢 浮雲捲尽碧天空春風融和瑞氣多

三 罡 顛ヒ沛ヒ怀幾橦碎

四 芲 好花將開風雨又来

五 芏 東西少有憂雲罩屋簷頭

六 宜室宜家夫妻樂趣

七 命犯呻吟杀当有半身不遂

八 萬 煩惱無憂煎謀来為可憂

九 卤 恍ヒ惚ヒ不但人嗔且有鬼嘖

三圭阜

一 [illegible] 前後有阻並無安全

二 [illegible] 牛羊恐破財未免是非多

三 [illegible] 爵與齒俱高有德者是為達尊

四 丰姿氣禀鍾灵出他日龍門必占先

五 是個朝阳補衲僧高山流水出紅塵

六 [illegible] 舟車往來関津有阻

七 金年水年父母早去方合此剋

八 血盆星臨当產死其妻

九 [illegible] 夫妻本是同林鳥不幸雄者竟先去

[illegible] 壯年勞〻碌〻而成家無安閒之日

一 [illegible] 人事糾纏費尽功夫两破錢

二 兄弟四人数有一貴

三 [illegible] 月上乱雲收清光照彩楼

四 [illegible] 福祿頻加受享榮華

五 [illegible] 七十之年当斷絃

六 [illegible] 滿面春風人道好多少不足自家知

七 [illegible] 卤神遇解神虽然灾禍不相侵

八 [illegible] 道路從征去暗塵隔江風雨起秋新

九 圣門中弟子習讀翼去騰

[illegible] [illegible] 重山之外問黃金逐々坭途有一驚

一 甲 逐野獸以前驅失足以照

二 共 快樂弋鴞高飛又見憂

三 共 黃昏雨未暗月色更明明

四 蠢 天賜禎祥納慶多花前月下听高歌

五 蓬 岸花紅滴露秋樹綠含烟

六 其 暗路逢人南北莫辨

七 毓 房考之年

八 共 事不称必枉費精神

九 罢 花開一枝滿園紅不料根皮一樹儂

壹十 命不当招祖業自創家園

一 羅 行当暗道流螢一点餘餘光

二 計 鹿鳴照耀天発善門

三 劝君相助太阴入迷恋明入必丧身

四 數有四子五子送老

五 數内往来格局高官揚福显姓名香

六 炁 有酒且高歌人生有幾何

七 前妻本水子不受後妻金土子乃受

八 晶 一点浮雲掩中天略有太阳漸亦

九 孛 晦氣不可交争重必有相侵

十 芸 半夜浮雲掩月五更雲散復明

一　[illegible]　蟬在柳梢人若哸而厭倦

二　[illegible]　人間心不閒有事来相関

三

四　衣食有餘身当帶疾

五　[illegible]　綠蔭之下有婆娑羊觸藩籬奈若何

六　卌　謀望不合鏡花空開

七　滚〻財源如水洋〻家計如春

八　安常之福無日不足

九　[illegible]　灾晦相侵流年有犯凶星

[illegible]　[illegible]　登月宫而扳丹桂何樂如之

一 仝 蒼松翠栢耐歲寒而顏色不改

二

三 徒弟三人一人送老

四 罡 掘乃坭砌乃石暑則可寒難堪

五 聶 板桥滑濕戒行人前提免被水波

六 壽 室中安樂天意從人

七 數中十子得以送老

八 罷 南山虎嘯長風得取庥祥之慶

九 菇 馬足遲遲幸被顛晦之処

三三覓 生母当屬虎

一	三五六	身閒無事安休之慶
三	三五	人有刑傷愁鎖眉頭淚幾行
三	二百	年逢百外有二春慊然無事往西行
四		親把兵權威鎮三軍
五	卆九	山岡虎豹送行人朝暮當慎
六		十三屢過總滯而小試終久不利
七	四三	一天星斗甚光明東西雲生夜不分
八	四五	紫微聚三台三瑒捷報來
九		兄弟七人數有二貴
三章		數中十人送老入人

一　坌　汲水烹茶清閒之福

二　　　扶持奇術游天下而未遇

三　罷　萬斛之舟起便風飄然飛渡過江東

四　丗　數該生子

五　垂　斗柄已移數已改喜氣頻頻而至来

六　兟　尋個優優致詠咲傲乾坤

七　麗　行斷江頭渺渺茫茫行人欲渡意徬偟

八　丗　征帆順水瞬息千里

九　坴　長歆春酒樂以忘憂

壹百　兄弟十一个中断惜离群

一　萱花椿樹萎何時他日父先母後之

二　禍患不可測不但人嗔且有鬼嘖

三　終身飄蕩末有依明月去来未有棲

四　壽　犬作怪主人当有灾

五　黃金久掩在泥沙有日開藏世共誇

六　数該生子誰道蚌珠老

七　明月中天文人之盛

八　攀于蒺藜且招耻辱

九　四壁有灾空虫嵗耗

三十　坤人無姊妹独秀堪奇

一　六五　隴頭消息根春來点綴梅花次第開
二　持家有法必專夫權
三　得意之中还得意財源之上發財源
四　兄弟十一人全爻不全母
五　壽　半夜飛霜徹夜寒園中百草必有灾
六　奕　衣錦藏珠家門欢趣
七　共　名登黃甲
八　兗　淅瀝秋声悲　何堪聞
九　姊妹六人數中不爽
亖畢　前程亨泰朝阳正上三竿

一　兄弟二人數有二貴

二　[illegible]　流年有坎可多少蹉跎

三　[illegible]　洞庭月色近中秋好景催人可遨遊

四　[illegible]　幾番風雨好花依田新明

五　[illegible]　夏天風敲吹或時咲或時哭

六　[illegible]　圀圖之中有旻㒹金馬徒々有所思

七　代夫婿而經營貧能莫及

八　真假六人送一三枝

九　[illegible]　恃有楕南車攸往死不利

[illegible]　壯年旁々碌々而老纔成家無安陽

一 两廿三 斯年無小利不若且消停

二 四廿三 駟馬奔馳不能安逸

三 五廿 長江風雨暗平地起波濤

四 寄謀奇策于般遂于橐于囊萬貫金

五 硯池得水時則魚龍變化

六 貴人指引前程利就名成

七 四百廿三 炎氣薰人涼風自至

八 六百廿五 優閒無事日不必羨神仙

九 六仑 桂蘭叢裡自含胎

三三頁六 四廿三 花边宝馬躍金鞍勇匕輕風陣匕寒

一 兲 流星損石應乎其凶

二 共 寶鼎起青烟縷〻行〻薰翠袖

三 妻生木火之子妾生水土之兒方合 此刻

四 命多印綬兩处翁姑

五 䜣 躡足高樓之上更上一層閣

六 卌 謀事無成馬頭烟雨

七 䒼 井中水涸汲者興嗟

八 茾 災晦陡至不自知幽魂早已入黃泉

九 垄 梧落金井動秋風起日愁

三壹卆 姊妹四人二人早亡

一 兄弟三人数有二貴

二 壽 圓月到五更生魄其光漸減成昏ヒ

三 臺 萱草有刑孝服相侵

四 卒 山高石傾行人有驚

五 罡 名鎖利関最縛人長亭雲暗掩風塵

六 芸 車馬並集門庭鬧热

七 其手拘挛前生果根

八 奚 駕雀乘雲去飄然竟不归

九 此刻讀詳書十年應入学

壹頁卆 杭 中夜起舞樂也何如

一　壽　刧杀凶人家室有害

二　寒窗苦志讀書終爲世用

三　白王藏廢土琢磨露玉　光豪

四　花落鳥啼指你惆悵

五　壽　初配不終諧半道別別离

六　病餘癆疾症因花露沾衣

七　無憂季子運不前功名遂意後十年

八　花　作事不成水奇謀反成拙

九　將星天定會見三軍司命

三十　蒼天賜我一青毡寂寞寒窗年又年

一　罕　玉笛之声反成落梅之曲

二　妻配鷄命可免其刑

三　⿱艹⿰六五　休嗟行路难虎哄生風八渡開

四　⿱艹⿰六五　安常処順猿啼餘悶

五　夫命屬水配夫年屬木子

六　一領青衿容易得却防失

七

八　⿰六乇　作是反成非奇謀反成拙

九　卆　天羅地網昏〻暗中有灾厄

二壹是　⿱艹⿰罒三　人事变錯虎頭蛇尾

一　垂　迷离烟雨生滩頭今日晴明仝上鈎

二　花　病符相照浮灾意外来

三　　　收成一子属木凡遇金木終当去

四　芒　馬乘其應車可千里

五　誩　萬頃波涛駕巨舟吞天沐日過江頭

六　罡　疎檑夜雨一隙之光

七

八　垂　吹落黄花弄笛声愁人听後思难襟

九　芒　暖日薰入門前草色新

覃　丗　自知力少勿謂任重

一 [illegible] 故人相與旧慷慨自無窮
二 [illegible] 寒虫苦唧唧助人之嘆息
三 洋洋喜慶如春至滚滚財源似水流
四 兄弟八人樂奏幾般音
五 [illegible] 衡門之下可棲遲今日徒劳枉費思
六 廿 猛虎怒威人見之有忌
七 祖業守成興復発財源有分去遣來
八 始生木命不受再生木命乃受方合
九 [illegible] 景物陽和勝賞甚多

一
二　廿九　名登黃甲
三　花逢春景千般艷月到中秋分外明
四　离鄉别井創立成家
五　根基一似浮萍水面隨風而轉
六　前妻金水之子後妻土木之兒乃受
七　卅三　演武及第
八　十七九　一輪明月高明氣漸消磨
九　六廿五　無憂運未通轉行遇順風
十　廿五　和氣乖离因小致大

一　問名未成問利有益
二　花　此刻注定讀書人得時便可上青雲
三　際遇得周全牛背横吹過碧村
四　酉戌二科武夅聯捷
五　[illegible]　暗裡飛箭来須防有個傷
六　[illegible]　五方鬼現兎走馬瑴
七　[illegible]　風飄萬点正愁人又見春郊春色新
八　[illegible]　八山樵童引得地又得時
九　[illegible]　晚景安康可以樂餘年
[illegible]　花　又缺又圓

一 [illegible] 反覆蹉跎任是神仙可奈何

二 [illegible] 室家吉慶大小咸宜

三 [illegible] 前爲社稷之臣今爲林下之客

四 [illegible] 一線如絲結乱如麻

五 [illegible] 欲上高樓未有梯不能牽步莫思板

六 此刻注定貴人婦木年水年夫得貴

七 [illegible] 其年有刑伤骨月嘆淒涼

八 [illegible] 灾之未已伤之有失

九 [illegible] 就之出自無窮尋之見

[illegible] [illegible] 山前山後皆明月江比江南總好春

一　罡　扁舟江上掛帆来千里程途頃刻回

二　圭　入泮之喜少年得意

三　　　此刻定明経金年初步木年成

四　丗　猿馬往来常多吉慶

五　奕　凭高遠望東指西顧

六　鑫　一顆明珠夜有光主人計襲夜行藏

七　　　兄弟三人數有二貴

八　　　归来之外非親非戚

九　芸　鳥囿子樊籠神虽喜而不旺

三壹十　罡　人天台而迷路見漁郎而問津

一

二 芉 枕边之人曾見夏半年床足半年頭

三 幼年失母継母相依

四 結 歷尽崎嶇道路適登涉水恨無桥

五 艽 鄉科及第

六 罷 好個春光偏恨妬風疾雨

七 芼 事欲速而反遲堅守乃得

八 罡 晴天忽有暗雲生驀地雷鳴恐一驚

九 垂 如寬愁之相报得貴人之解救

覃 咣 可恨灾星不可逃阴阳愆度禍相招

一 數有五子一子送老
二 其人之亡定在八月
三 前兩妻已死子土復娶三妻七年而亡方合
四 𠄡 杏花生色雨初晴
五 堪嗟姊妹緣分淺數中縱有也分离
六 𠄢 大數已尽萬事總成空
七 𠄣 大丈夫得志之日方遂男兒之志高
八 𠄤 中流多風雨橾楫者著力
九 𠄥 再𢑥浩然之氣且加克己之功

一　錢財入手难為得破耗憂愁不可言

二　叛有十二男送老二子

三　[illegible]　夫妻衣是仝林鳥不幸雄者竟先去

四　[illegible]　山下過時逢猛虎不傷人処也驚人

五　[illegible]　花枝零落怕東風秋雨吹殘滿地中

六　每逢火之年終于金水之年父帶破損

七　中年生子莫嫌遲

八　[illegible]　東籬黃菊粧点秋香

九　[illegible]　有酒盈樽及時行樂

[illegible]　暗中行路迭途有流螢引

鐵板神数　三

一　父母仝年生仝年死数注前定

二　兄弟三人数注前定

三　罡　灾晦纏身眉頭緊蹙未開顏

四　卒堯　草木零落正九秋一陽初動水痕收

五

六　六乇　亦山迷路樵童指引東西

七　罒尢　好運催人吉利相從

八　罯　幾点疎星落南樓見太陽

九　再坐巡撫

一壬五音足異　朝三暮四苦心度日

一 卌 數該生子

二 𢆉 行人得中邑人之咎

三 為人妻妾俊雅氣格軒昂行藏謹慎作事机関

四 胸藏錦綉腹蘊珠璣文進黄賈学継周程

五 卌 坐于暗室幸有流萤之光

六 罡 江上早潮因風相送

七 此刻受二妻土命金年娶水命火年妹来

八 𡨁 高飛捉征雁千里帶霜回

九 平 遲日桃源春正長鶯啼燕語娟流香

三千 草 平 閨中調雅樂與徹幽人之致

一　四十三　春風若薇春色依申滿皇川

二　四十八　讀盡詩書命不宜荒然拱守耗相知

三　前妻生木水之子後妻生金火之兒

四　四十二　相安無事月屋漏鬼欺人

五　一夏宵有酒無人賞空餘紅燭伴黃昏

六　六十五　褰虎帳以坐春風千城重望

七　有商賈之望無功名之分

八　廿九　一庭紅紫闌芳菲昨夜西風吹折枝

九　四十三　有梯有板高楼直上不難

三百二十一　六十五　靖固四方無疆場之慮

一　千　進退有所剌若驚若恐

二　　三番四覆自家知根長東来葉落西

三　卅　将星照命武夅可必

四　　一胎二子数中不爽

五　　復任守備

六　毛　蒼蠅有健翼風起飛騰不遠来

七　罡　些律已雲暮惟根一陽生

八　　数中生七子二子送福

九　　心之勞竭作事不成

三卅　正妻木年已尅次妻火年娶火年死妨

一　　勞ヒ爲習讀学而時習之

二　丗　太些当頭不測自来

三　卒　寂寞相如引茂陵盾医再出便回生

四　苗　跨著蹇驢躑躅道途

五　罡　栖移三轉一枝可棲

六　四九　落日動風動簾開引燕来

七　　橫槊賦詩虽武而嫺推儒術

八　吾吾　双ヒ燕侶两分丟不想夫君命不归

九　卆兀　一天星斗乱鴉啼処ヒ見朦朧

三五亖

一 秇 外外鶯啼閙落花蘭房寂寞日西斜

二 天性豁達良知敏氣質清純礼義通

三 和風麗日時時樂進喜添財事事通

四 𦍌 武曲当頭弓馬入泮

五 𦤳 厨下火起灾及室人

六 卋 一擲千金渾是胆家徒四壁不知貧

七 𡗝 雲開雨霽萬里光華

八 𧦝 進甚难退甚易朝乾乾而夕惕

九 生得多雅麗葢子明夫発大家

十 𠄠亘卆𡙻 罷却人爵修天爵治国不如斉家高

一 菈 無边紅紫天地阳春

二 廿 荆棘塞道路㲽㲽莫問津

三 罡 三年已换東風律轉换荣華

四 菈 風雨㬥至長途坭滑

五 冰清玉潔实堪誇盖子荣夫發大家

六 德重鄉党允称黉門大耆

七 阡陌田園百畝桑三公不换此風光

八 罡 門前喜鵲噪喜事逐門来

九 㤃 名刻庠序弓馬入泮

三十三頁卒 兄弟九人秦楚不合盟

一 [illegible] 凶神相欺吉神皆擁護

二 [illegible] 與人無求快然自樂

三 [illegible] 克勤克儉利有攸往

四 [illegible] 若迫若緩徘徊不前

五 [illegible] 漁舟一葉半江中飲酒相看樂意濃

六 [illegible] 名進宮牆弓馬入泮

七 [illegible] 鬼神無情災毒不息

八 [illegible] 西之又復東踪跡若飄蓬

九 [illegible] 名高先唱秋風先宴鹿鳴

[illegible] 日照祥光簇錦繡高歌白雪與陽春

一　牡丹花開早双〻產白眉
二　剪髮徒賓能內助斷机教子早登科
三　垩　猪牙切齒应在人生之憂
四　晝尓于茅宵尓索綯亟尓黍稷樂尓妻孥
五　犺　一願惟知匡社稷無如年來古稀時
六　一樹梅花破玉肦風吹幾点是粧台
七　婚姻多議祿不合招極遲
八　砉　挣挫度桥来前境巳半陏
九　㭊　醉而不醒昏〻沉〻度日
三百卆兊　霏〻初雨逐輕塵阳台関上送行人

一 六百三 叔夜無心橫被孫登之誚

二 有妻似無妻敢娶着妻

三 四百三 風吹浮萍隨浪上下

四 負倜儻之才終須小試

五 五百三 春光度芳草庭前遍綠陰

六 目夜迎賓筵客面犬吠主人心有悔

七 雁行無伴挺卓自持

八 四百三 塵埋鏡露光不與田時同

九 命有偏才偏房必要

三千五百九十 真假三子二子送老

一 坴 奔馳千里路登高而踖足

二 尭 清閒無事安享其福

三 罡 細雨並無途征夫怪夜驅

四 畐 阴和明景事業更新

五 毳 行过山兮又水兮覩看前陌有長提

六 犹 崎嶇变変処置誠祗

七 芦 未行而先止脚收其益

八 苗 牡丹初発其根已萎

九 発財可喜

丟是 好樹枝疎要緣阴行人至此漫消停

一 壽 三春花椰半在風雨之中
二 卆 風吹白玉梅花丟騷人相約扣柴扉
三 哭 和氣洋溢事皆相得
四 兄弟八人樂奏般音
五 虽日三時休苦其時耕稼爲先
六 身居烟火地愁暑不愁人
七 垂 西堂終夜烛生花紅彩光搖透絳紗
八 辛 名登黃甲
九 罡 長江虽有浪一葦渡行人
章 收成一子实属金總然土木育难成

一 六十五 命帶文昌正当八泮

二 四人位居二耕讀君為先

三 卌 遠近青山廻环千里

四 可惜是個女流輩也有艮人不似他

五 四十七 鵲噪新晴簾前有好音

六 二十五 隔江風雨起秋阴早晚征去仔細行

七 廿五 午夜以报食而以空

八 挨排度日未見咲顔開

九 兄弟四人数注皆貴

三千六百 馬無韁轡未可以行

一 [illegible] 名利兩成身游泮水
二 [illegible] 独坐黃昏誰是伴紫薇花是紫薇郎
三 招得一子金二子木
四 書窓春暖桂籍生香
五 [illegible] 鄉榜題名
六 [illegible] 年来時又高飲酒樂富豪
七 副魁而司教鐸食祿天朝
八 三子生年屬金四子生年屬木方合
九
三千鼎戰 登月宮扳丹桂飲鹿鳴会嫦娥

一　不從文武科中出命有小三吏員（金木年合）

二　兄弟十一人数有六貴

三　招得水火之子妻配金土方合

四　十四　得進黌門少年可喜

五　紅炉不斷燧皇火羽扇頻搖少妙風

六　十七六　巷衢鼓天樂堯天

七　付車声價重木火年中方合

八　廿九　卌　名登黄甲

九　生金水之子妻配土木方合此刻

三五章　兄弟十二人数有六貴

一　　晚潮失早潮與，來岸蒼茫海水平

二　六五　豐年粮足家室安康

三　　多藝多能衣食足用

四　　傲物氣高多所不合

五　　以監而選知縣數由前定

六　三五　屈指計前程程程查不成

七　三六　蔓荊当道步步糾纏

八　四五　灾晦相侵流年不寧

九　　初授知県必有変迁

三五六四五十十九　吉神切莫对凶神对敲禍洊而福淺

一 [illegible] 命帶文昌正当八泮

二 兄弟五人数有二貴

三 [illegible] 索絢成屋亟時早岡

四 罗網内張外夾無良

五 無男無女在家出家

六 [illegible] 鴻飛冥冥弋咲藪澤之弋人

七 [illegible] 波浪虽高孤舟繫得住

八 数有十二子一子送老

九 [illegible] 風平浪息正好正舟

三壬首平

一　至　太上無情凶多吉少

二　霊　事不勞心謀之奏合

三　樂得足優閒多爲情士節

四　兄弟六人數有六貴

五　閒藝豈能成大業雀敬空誤少年行

六　蠢　当憂而不憂吉神多解救

七　罡　倚窓吟寂正愁人風動流蘇暗有驚

八　蠹　凊宵雀唳凄凉爲怪物

九　圭　一泓凊水碧琉璃魚躍波紋驚君疑

三十章　士　風雨明晦晝夜不分

一

二

三　木火之年当得貴此刻生人定不差

四　罕　度過藤橋路徑通人声掩映綠阴中

五　羌　朝夕奔馳愁怀莫釋

六　戳　刼神操權威鎮三軍

七　罍　天祐吉人閨中福寿康寧

八　亊　白家負塗犬入室中

九　此刻生人死于土年方合

三百卆　垒　腰間虽有黃金印犬頭啣鼠有驚人

一 [illegible] 行徑盤桓進退未安

二 錦堂開寿域兒孫称賀福綿綿

三 [illegible] 主張合有人進取尚有益

四 兄弟十人數有一貴

五 [illegible] 到処有逢迎馬足幾千里

六 兎頭相逐不須疑丹桂須扳第一枝

七 富貴榮華称寿老尺璧寸金未為宜

八 [illegible] 煖衣飽食可以永日

九 以武舉而選千總數由前定

[illegible] 人事蹉跎惆悵多危能消遣可如何

一　四三　雷振東南不及掩耳
二　天地寵耀位至三公
三　三四二　鬼神赫怒天降之禍
四　連建不世之奇功合当世爵
五　共　東風有信長安十里杏花香
六　青灯一部書未可言得意
七　相親不相見相見不相知
八　八七　醉起舞婆娑安然樂意多
九　三三　小橋扶藜杖曲轉緣阳溪
亖覓　七　鷗鳥自相規欂声揺曳不爲鴛

一 六七三 五福咸臻兒孫繞室

二 驅牛番桃最難当放下阴処可乘京

三 先花後果早子逢凶

四 六七 春色開人懷眉頭鎖不開

五 骨肉傷情多病人心

六 六廿五 晦氣消除人事通謀爲皆善合相逢

七 命中偏才偏房可立

八 廿六 喪門相照夏及疚親

九 妻配大命生不至中途分离

三千草 四三 恩命天來勑受封贈

一 山溪一轉有水溶匕

二 [illegible] 多倉多箱福祿無疆

三 [illegible] 筆走龍蛇高万丈一得显名壓富豪

四 [illegible] 暑氣薰人待時而可解

五 [illegible] 不以年邁而自誘爲知赤心报国

六 兄弟七人数有六貴

七 [illegible] 霜雨霏匕長途坭滑

八 共 鄉科及第

九 [illegible] 万事得遇全夕阳東下水西流

[illegible] [illegible] 祿權耽照官陞耽显

一　自約出家前緣所报

二　罨　可恨灾星不可逃明阳徳度更相遭

三　卋　奎星高照一夆冠群英

四　蕴　餘寒犹未减何必向東風

五　数有五子一子送老

六　荳　盈垣而進守以中正

七　芒　牛羊相触禍伏萧墻

八　罕　盈ㄝ花落淚及紅粧

九　萿　江頭昨夜根潮生来往奔驅势未能

十　千百　罡　况而復滞任百般巧計

一 航 此年多灾星宝鏡被塵埋
二 一生享用多豐足萬事無求福自来
三 又陞知県
四 萜 早花方可䴥風雨又相催
五 罣 郎鹿無虞徒枉以取困
六 䛂 稀更稀今朝長別待何時
七 㲋 不得其志淵明東仕
八 廿 謀事無成破局多凡為無遂怎如何
九 乇 數該生子
亭草 卌 陰匕三伏屠金 一夜爽八杯

一 [illegible] 時運顛倒行人且暫停

二 [illegible] 通都大邑方物咸備

三 [illegible] 前有厄退之為得

四 [illegible] 南園風烈〻昨夜桂花風吹折

五 [illegible] 但得東風便一夜渡扁舟

六 真假二子得以送老

七 [illegible] 陰陽調和沾濡雨露

八 [illegible] 利用咸宜東西南北也相宜

九 [illegible] 出谷黃鶯最好其音

[illegible] [illegible] 求之不得生迪浪捲浮雲

一　命犯天囚决配徒流出外州

二　早失双亲根的孤生涯又萡少良圖

三　取四方市廛之利能自手興家

四　卅　科用及第

五　卅　皓月十分圓光明千里遍山川

六　卅五　巳知其足自然無

七　秋水照龍門之色春風吹桃李之蹊

八　木火之年俱生子無奈金水尽尅去

九　此刻注定有貴分土木之年得功名

三千三百卅三　東風沸寒来其年事多端

一 [illegible] 春酒已熟無日不足

二 [illegible] 常怀其憂慮日後享安舒

三 [illegible] 中奎轅上碧琉璃方里光明路不迷

四 此刻注定貴人妇土木之年夫大發

五 [illegible] 漠々淡物色青々春夢正悠々

六 [illegible] 冬阳西下牧人忘牛

七 [illegible] 豕驚躑躅灾晦相侵

八 [illegible] 年來頗相得日裡耕夜裡織

九 禍福無常內外交錯

[illegible] 蛩声唧々妇嘆千室

一　卆　東君有犬吠惶着一驚
二　破却家財出外州貴人相助不須憂
三　𪞐　人事和同欣然樂意濃
四　廿　披衿涼亭上漸ヒ爽氣來
五　命落紅顏一樹花春風已抱曲琵琶
六　𠰉　運至時行家道漸ヒ興
七　兎阴狡而脫網雉取介而羅罹
八　𡜊　夫别阳間去千愁嘆两行
九　経營早晚苦劳心脫却劳心幸有成
三百卆　𠈁　馬蹄逐輕塵馳驅千里ヒ

一　吾　細雨霏霏前途坭滑
二　　　五子土六子水
三　全　從容樂意自適餘年
四　尭　此年事不寧灾晦相侵
五　罡　同舟共樂前有風波
六　　　律法精明人品異衆頭文卷逐條彰
七　茳　過了崎嶇路尽是舟渡行
八　畐　科甲及第
九　　　屠行並非美藝放下屠刀可成佛
毛皐　藴　得保初終安然進一步

一 [illegible] 中年得子莫嫌遲惟喜遲見慶有餘
二 [illegible] 劳心又劳力掾担未有人
三 [illegible] 乱落桃花舞風時春来去少三五枝
四 數有四子三子送老
五 特授府左堂郎官列宿
六 [illegible] 桃李帶雪滿園開紅紅白白报春来
七 [illegible] 喬木鳳来仪文明之象
八 [illegible] 梢子江頭一小舟輕風相送順流行
九 [illegible] 春色十分濃水流花落鳥威風
[illegible] 前去有風波行人仔細过

一 垩 安閒亗月無事不悅
二 罡 風吹禅灯半明半暗
三 罯 庭前荳色紅緑交加
四 六七 如醉初醒人事開展
五
六 垩 日照楼台浮雲漸開
七 辛苦桔据白手成家
八 叁 灵符相照綿匕浮災意外来
九 具 萱花有年風吹折孝服三年当
三章 六七 事業不專進三退四

一 纥 房孝之年

二 苝 梦之未醒或顛或倒

三 乍 大数已停好花開尽

四 妻命属火年娶妻之年属土

五 毛 朱衣点頭馬咲北山陬

六 芏 憂之復喜先难後易

七 轟 曉望山前霄色開俄然風起雨又来

八 命 前後擁護履之不意

九 焚香晨誦法兼燭夜談経

十 天亭 抗 德厚流芳蘭蕙生色

一		
二		非僧非道優游逸民
三		夫妻應諧老琴瑟得和鳴
四	[illegible]	人事今朝得暢怀春光麗日好花開
五	[illegible]	雲收雨散可問行藏
六	[illegible]	走到半途路若迷其中一着点先机
七	[illegible]	名登黃甲
八	[illegible]	空中伏火烟籠中紫燕飛
九	[illegible]	無意多連窮人做事勾連
[illegible]	[illegible]	花落又花開春風次第来

一　三千五　其年不利官事勾連

二　三千　山川火發殃及千人

三　徒弟十人送老五人

四　卅　謀事方齊春風又送子規啼

五　四百七　晦氣及人減却精神

六　三千九　交錯數声笛弄梅花落

七　三千　到此嫐难留整頓別离愁

八　兄弟五人数当尽貴

九　三百三　流年駁雜事紛紛紫竹敲

十　六千五　謀事未通行船又遇打頭風

一　衣食有餘一生安樂于晚岁
二　廿九　春光虽好風雨堪愁
三　離　山頭飢虎蹲行人須仔細
四　双亲俱有寿母先赴瑶池
五　身在公門壽活計運来自有上人携
六　卅二　晦氣相侵狂風吹風声
七　甚　声名显宇宙皇都得意回
八　廿九　進退咸無位不如守其中
九　大　蘭膏已尽一室昏音
三拿　初任主專之戝

一　五行最有刑出胎便喪母

二　𣈆　閨門似水信哉磨而不磷

三　𢁦　舛錯不知憂之如何

四　𣍲　否之既進憂之復來

五　𣍹　內外康寧禎祥之福

六

七　兄弟十八人數有三貫

八　生涯不若破家業破耗一似網張風

九　𣥒　洛阳爲报十分春楊柳依依綠遍明

三百零一　𤫊　虎怒威風山木皆驚

一 羅列高堂汪然水渺茫
二 湘江烟火繞波濤一雁高飛任去來
三 罜 童運未堅早日入黃泉
四 丗 其年行事無阻却似行舟順風
五 共 生計已盡一夢入華胥
六 罜 知已將來不用求龍泉磨利射斗牛
七 一胎生三子世上罕有
八 丗 科甲及第
九 圭 其年惡曜攻身須防危險
一二三四 莊 生涯寂寞更悽涼

一　有口似刀鋒原来性不兇
二　兲　其年相見有悲啼一夜淒涼泪別离
三　垂　酉虎于墻見着有驚而無災害
四　圭　六阴極處氷凝氷造物分明未有形
五　䙷　事〻多齟齬靜听為得
六　畀　一如春色酒一卮堅守為高事可宜
七　圭　為着別故人空作有年計
八　兄弟十人数有三貫
九　畀　居上克明為下克忠
辛酉仐兲　十年已前事紛〻此後图謀事遂心

一 廿 鏡中之花遇而不遇

二 艽 春水魚游一躍而變化

三 卋 謀事費工夫反覆幾蹉跎

四 茜 一天星斗甚光明十里長亭一夜行

五 有心領青衿已知一生局

六 招得金水土之子方合此刻

七 罶 出轉廻煥便通津夾岓緣楊更已新

八 睪 美運輻輳財帛相臻

九 罷 所爲皆合謀事有益

十 亖覓卆 兕 今朝喜太平年解放眉頭開笑頭

一 圭 摧炉圍火熖氣薰人

二 尭 一步崎嶇高低總不齊

三 罡 西餅难充飢謀悉成虛

四 䍐 霜雨霏々長途垷滑

五 罜 德裕經邦才優濟世

六 圭 昏迷朦朧未分東西

七 䒷 春而復夏又秋冬寒熖更迁事不全

八 䍦 扁舟一葉渡秋江忽起東南風正狂

九 奎 風雨霏々長途崎嶇

兲覓 䨺 浮雲飛去依旧晴明

一 若 科甲及第

二 譶 流年犯凶星災晦相侵

三 士年合毋終

四 菇 喜之未已憂之又隨

五 芏 冷落離披雨中桃李

六 芤 燼消烟尽化寒灰一縷烟生化紀面

七 毳 璞出在石終無人識

八 芢 謀事难成徒勞心力

九 莤 進士及第

三五章 祖業不靠白手成家

一　自生一子妾生二子

二　罡　通宵風雨十分春色便斕珊

三　習業儒讀蕭何身在公門樂意多

四　卒　太歲相冲縱喜也凶

五　戰　有征無戰于時與至王者之師

六　共　前去路遥遥何須問爻

七　事業問蕭曹功名亦可得

八　廿　鄉科及第

九　[illegible]　却穿籬落採春回

十　[illegible]　利不可求動而見亢

一　妻命木屬豬不致中途而去

二　卌　名登黃甲

三　卅　青々草色又得一番風雨滋

四　芲　黃昏不辨幸逢星朗照人

五　兄弟八人數有一貫

六　毛兕　多少未老事寸々掛心怀

七　丟　馬在山南人在山北山馬未遇

八　耂　東粧西归鴻唱送离歌

九　六九　耿々不寐搔首誰語

𠦃　亖　馬頭羊尾跋涉多風雨

一　四三　千里寄書未疑吉又疑凶

二

三　三三七　蛇纏紅騰民仰中天法曜

四　改一門閭事更新錦衣玉食福仍臻

五　五五七八七　腰橫金作帶符劒玉為鄰

六　三七　明數滿必塞定作黃泉客

七　五五七八七　炎熱已蒸爽氣已傳秋信至

八　四九　夏懷種匕人無蘇蠖屈蛇蟠志未舒

九　授九重之語命統百万之雄兵

十九　甚九　蜡唇吻虽黃破処重匕官訟

一　卆兲　大車無輗小車無軏

二　卒兕　破財迍邅事多变迁

三　卌兂　洞房之喜定在此年

四　𠅏垚　小人相欺無端陷害

五　罒兂　黄虀淡飯可療飢竹离茅舍樂有餘

六　𦊱垚　明月見星說法談经

七　夫　苦雨入凄風令人不堪耸

八　廿　秋時苦旱沛然下雨足精神

九　𠁽　紅粧冷落秋草焦枯

壵臯　數有六子四子送老

一　財帛豐盈一世無憂

二　奚　双飛燕来两分飛夫君不幸命先归

三　艽　喜氣堂衰終难一遇

四　芸　新竹破蒼苔成竿指日来

五　噐　皓月正当空淸光自不同

六　毫　孝服三年千此不免

七　此刻孔門人金年当入泮

八　尭　富貴两全巳極人間之福

九　復任知県

三元直平　蠢　病符照命浮灾意外来

一　　毋終金属金

二　六十五　事業不專半進半退

三　䂂　天高地迴不可嘆窮愁

四　毛　冬阴初下数已尽矣

五　四十四　錢財陡発騏馬馳来

六　　当有六母之称

七　廿光　瑞氣融融門庭喜慶

八　罡　花飛片片寒冬来趣煎

九　罡　一溪新水送行舟万里雲山趣日遊

三九百七十四　孝服相侵流年之咎

一　六親少靠骨肉寡緣
二羅　父母生來独自一個
三　心之憂寂最难度日
四壽　富裕且康惟田惟桑
五流　花蓋初紅暴雨疾風
六甚　迍邅時不利欲進不能行
七　積修玄始法千里仰純阳
八　八個字中分造化五行度内卜荣枯
九羅　優閒𡿨月斯爲多福
三百卒甚　曉烟迷楊柳長堤遠濕濛

一　六七　前途應有漁郎渡不必停驂去問津

二　五五　興至三杯酒閒来一局棋

三　六三　傳得松筠秀新逢桃李花

四　四三　雪吐梅花盡又見一番香

五　六三　有針無線用欲穿無成衣

六　　　歷遷理刑郎官列宿

七　五五　朝功暮課種得清淨福

八　六七　閒中花畔聞啼鳥此時天命非久長

九　五五　著新結構列申規模

三五五　四千

一 觀顏察色分貧富驗氣凝神識英紅

二 [illegible] 三星在戶喜事頻来

三 [illegible] 鼓舞之福安然終朝

四 欲成来生佛早晚須誦經

五 [illegible] 樂事是從心眉頭喜自生

六 早涉風霜苦運来發財自興家

七 [illegible] 大厦要扶持还須得一木

八 [illegible] 已得靜中趣要然與世殊

九 為人素有剛氣性处世机関出衆倫

叄定